アメリカの〈周縁〉をあるく
旅する人類学

中村 寛
松尾 眞

平凡社

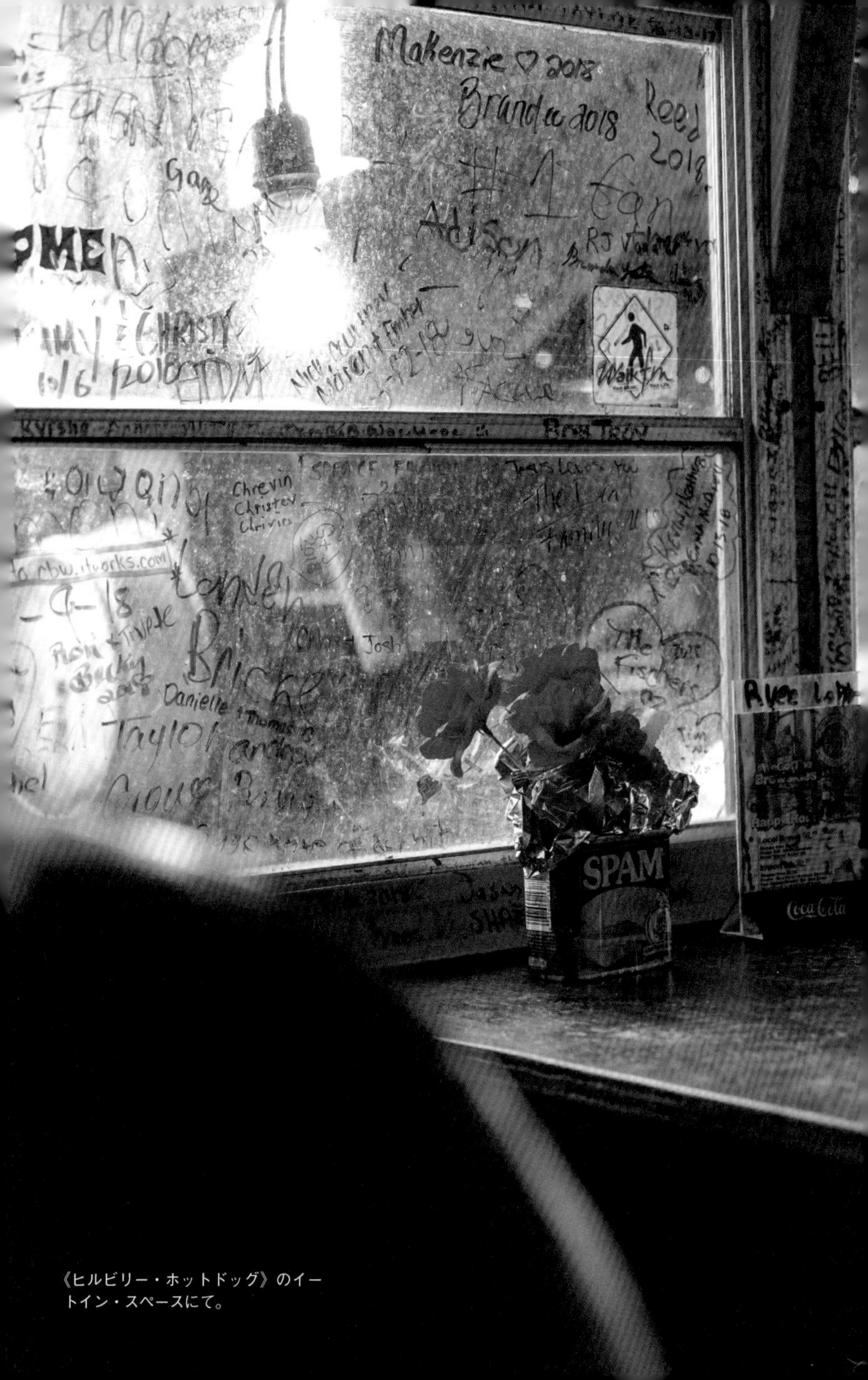

《ヒルビリー・ホットドッグ》のイートイン・スペースにて。

右上：ロウズバッド・インディアン居留地。
右下：サンイルデフォンソ・プエブロ居留地。
左：テキサス州セレステの給水塔。

The Crepe Boutique
451-1992
AIR FARE'S ON SALE
BOOK NOW!

フェアバンクスの一角にあったコーヒー・スタンド。フェアバンクスは洒落たカフェが多い。

右：フロリダ州、海岸沿い、ちらりほらりと釣り人たち。
上：サンイルデフォンソ・プエブロ居留地。
左：ノースダコタ州、オン・ザ・ロード。

チャンプのポートレイト。

アメリカの〈周縁〉をあるく
旅する人類学

中村 寛
松尾 眞

平凡社

鬱蒼とした森の奥、ちいさな湖があった。

ふたりはそのほとりにすわり、火をおこし、痛みがひいていくのを待っていた。

痛みがひかないと、コトバは戻らないのだ。

ながくつづいた雨のあとで、あたりの草木はどうしようもなく濡れ、ところどころが膿《う》んでいるようだった。ひとときの静けさのなか、虫たちが一匹また一匹と声を回復し、やがて合唱をはじめそうだった。じきに、獣たちがやってきて、ふたたびこの地を治めるかもしれない。

しばらくふたりは、黙ったまま、ただ火を見つめていた。

少女が突然、口をひらき、

「そうだ。わたしたち、地図を燃やさなくちゃ」

と、焦燥をただよわせて言った。

「え？　地図を？　なんで？」

少年が質問でかえした。

「そうしなくちゃいけないから……。だって、世界はこんなんじゃなかったはずだから。とにかく地図を見つけて、ぜんぶ燃やすの！　すべての地図をね」

少女の声には、ながい時間をかけて思い詰めたことからくる苦味があった。眼には、悲痛とも切迫ともとれるなにごとかが宿っていた。

ときがすすみ、火が消えれば、獣たちがあらわれ、ふたりを喰らうだろう。

そして野生は、コトバのない世界で、はげしく、しずかに、むつみあうのだろう。

太古からずっとそうであったように。

けれども、そのときまで、ふたりは地図を燃やしつづける。


——「未来の伝説　Future Legend」

アメリカの〈周縁〉をあるく　旅する人類学

目次

innesota
ミネソタ
New Hampshire
ニューハンプシャー
Vermont
ヴァーモント
Maine
メイン
Wisconsin
ウィスコンシン
Michigan
ミシガン
New York
ニューヨーク
Iowa
アイオワ
Massachusetts
マサチューセッツ
Pennsylvania
ペンシルヴェニア
Rhode Island
ロードアイランド
Illinois
イリノイ
Indiana
インディアナ
Ohio
オハイオ
Connecticut
コネティカット
Missouri
ミズーリ
West Virginia
ウェストヴァージニア
New Jersey
ニュージャージー
Kentucky
ケンタッキー
Virginia
ヴァージニア
Delaware
デラウェア
Tennessee
テネシー
Arkansas
アーカンソー
North Carolina
ノースカロライナ
Maryland
メリーランド
Alabama
アラバマ
South Carolina
サウスカロライナ
Washington, D.C.
ワシントン DC
Mississippi
ミシシッピ
Georgia
ジョージア
Louisiana
ルイジアナ
Florida
フロリダ

訪問した州を濃色で表示した。
(327頁・旅の行程参照)

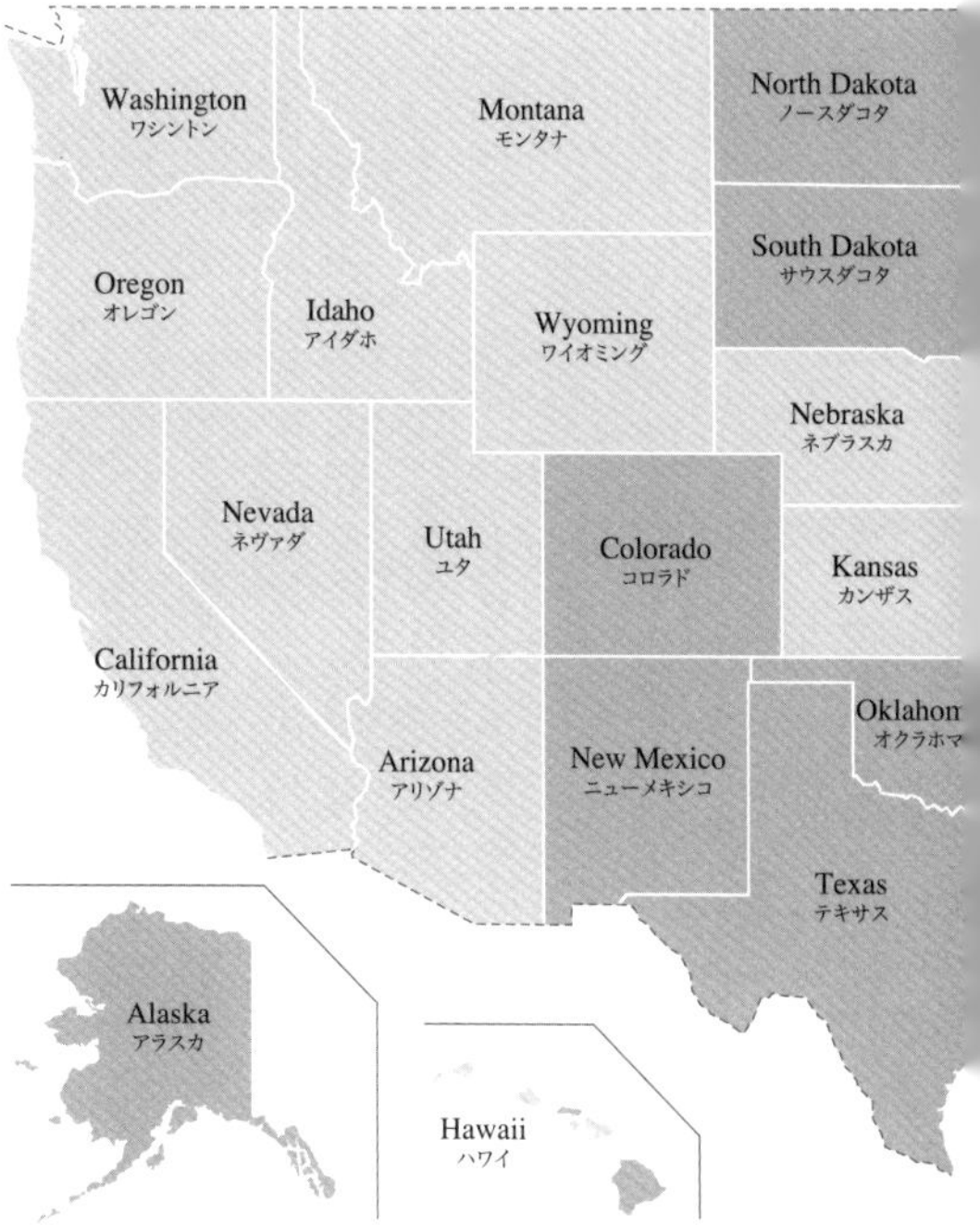

Washington
ワシントン
Montana
モンタナ
North Dakota
ノースダコタ
South Dakota
サウスダコタ
Oregon
オレゴン
Idaho
アイダホ
Wyoming
ワイオミング
Nebraska
ネブラスカ
Nevada
ネヴァダ
Utah
ユタ
Colorado
コロラド
Kansas
カンザス
California
カリフォルニア
Oklahon
オクラホマ
Arizona
アリゾナ
New Mexico
ニューメキシコ
Texas
テキサス
Alaska
アラスカ
Hawaii
ハワイ

ゴースト・ランチ
Ghost Ranch
タオス
Taos
サンタフェ
Santa Fe
25
ケワ・プエブロ
（サントドミンゴ・プエブロ）
Kewa Pueblo
(Santo Domingo Pueblo)
ニューメキシコ州
State of New Mexico
アルバカーキ
Albuquerque

1
チャンプのブルーズ
Champ's Blues

ニューメキシコ州アルバカーキ〜サンタフェ〜ケワ、2012年チャンプと名乗る男に出会ったのは、まったくの偶然だった。

二〇一二年の夏、僕はニューメキシコ州アルバカーキの空港で写真家の友人と落ち合い、一泊した後に、サンタフェで開催される「インディアン・マーケット」を見にいこうとしていた。その「マーケット」は、アメリカ国内の先住民アート祭としては最大規模で、世界中から人が集まってくるという。それを自分の眼で見たいと思った。ちょうどその一年ほど前に、やはり僕とその友人とで、オクラホマシティの先住民アートを扱うギャラリーを訪れたときに、来年はぜひサンタフェに足を延ばすようにとすすめられたことも、僕らの旅を後押しした。

とりたてて当てのようなものがあったわけではなかった。ただ、そのマーケットの様子を眺め、先住民に関連する美術館や博物館などをまわることができればよいと思った。ここ十年近く、ニューヨーク市ハーレムをフィールドに、合衆国内のアフリカ系アメリカ人たちの文化や歴史を学ぼうとしてきた僕は、その延長線上に、彼らと先住民との関係を捉えたいと考えていた。しばしば「周縁」に追いやられ、虐殺や虐待やリンチなどの非道な扱いを受け、差別や抑圧の対象となってきたアフリカン・アメリカンや先住民が、自らのおかれた状況に向きあうなかで、どのような感性を培い、言葉を紡ぎ、表現を生み出し、関係を取り結んでいるのか、それを知ろうとすることで、〈アメリカ〉の姿を捉えなおしたいと思ったのだ。いまにして思えば、ハーレムでアフリカ系アメリカ人たちと時間を過ごしていたときも、自己紹介の際に先住民にルーツを持つと語る人びとに、何度か会ってはいた。けれどもそのときは、そうした発言について、じっくりと時間とエネルギーをかけて掘り下げていくにはいたらなかった。

フィールドワークは、当然、研究の手法として用いられる以上、フィールドワーカーの関心や研究の目的を機軸に進められていく。しかし、「フィールド」と呼ばれるその場所では、フィールドワーカーの関心事ではないことが、日々、起こるし、おこなわれもする。関係なさそうな事件、些細な出来事、気にとめるほどではない人の行動や所作、断片的で解釈が容易ではない語り。あたりまえだが、むしろそういったことのほうが多い。研究成果や作品には当面反映されないそうしたことがらに、どれだけ気を配ることができるか、それがフィールドワーカーの質を決定する、僕はそう思ってやってきた。重要なのは研究を完成させることではない、ひとりの人間としてのその場でのふるまいや経験であって、記録することも、解釈や分析をほどこすことも、それと比べれば二の次だ、と。

そう考えるようになったきっかけは、僕にとって先達である二人のフィールドワーカーからいただいた言葉にあった。

ひとりは社会学者の新原道信氏で、氏からは、僕がハーレムでの長期フィールドワークをはじめたばかりの頃に言葉を投げかけてもらった。まったく先が見えずに深く沈澱していたこの時期に、「あるきつづけ、見つづけることです。研究としてうまくいかなかったとしても、経験として意味を持つはずだから、大丈夫」という言葉は大きな励みになった。「なによりも重要なことは、(その経験のなかで)あなたの『背骨』がつくられていくことです」と氏はくりかえし語っていたように記憶している。

いまひとりは、文化人類学者の落合一泰氏で、大学院時代の指導教官でもあった氏からは、やはりハーレムでのフィールドワーク中、長くていねいなメールをいただいた。そのとき僕は、ある問題に直面していた。フィールドで知りあったある人物から、インタヴューをしたいならそれに応じるが、そのかわりに、質問項目をまとめた紙を事前に用意し、カネを支払うようにと要求されたのだ。当時、僕はまだ学生で、助成金や奨学金も取れずにフィールドワークをはじめたため、謝礼金を支払うだけの余裕がなかった。けれどそれ以上に、アンケート調査に終始しがちなインタヴュー調査をおこなうことや、関係のなかで紡がれる相手の語りをカネに置き換えてしまうことに、強い抵抗があった。落合氏はメールで、ご自身が人類学を志して以来ずっと「会話」をひとつの学問的方法として重視してきたこと、その方法で成果が出ないのであればそれは仕方がないと大きく構えてやってきたこと、その方法が知識を金銭に還元してしまうやり方に対する違和感からはじまったこと、それでも金銭以外で恩返しのできることはなんでもやったことなどを、経験を交えて書き送ってくれた。

こうしたすぐれたメンターたちとの出会いを通じて、そして投げかけてもらった言葉を頼りに自分自身がフィールドでもがくなかで、僕は自分なりの探究の方法を、少しずつではあるけれど、つくっていくことになった。

そして、二〇一一年からはじめた、先住民を訪ねあるく旅においては、もうひとつ別の新しい試みが念頭にあった。それは、狭い意味での研究者ではない、けれども探究心のある人間と一緒に、「あるく、みる、きく」を基本とする旅をともにしてみようという試みだった。幸運なことに、旅のパートナーはすぐに見つかった。それが本書に収められた写真を撮った松尾眞《マコト》である。彼は人類学や社会学のトレーニングを受けたわけではない。しかし彼は、僕が自分の研究の中身をまったく薄めずに話せる数少ない友人であり、同時に、独自の感性で僕の気づかないことを指摘してくれるように思えた。またなによりも、旅の作法を共有していた。この旅は、フィールドワークであり、探究の旅となるものだ。いわゆる旅行ではない。そしてフィールドワークでは、冷徹な眼を持ちながらも、自分たちとは異なる信仰や慣習、理解のあり方を有する人びとに、やわらかく触れる作法がどうしても必要になってくる。

そんなわけで僕は、時差ボケに苦しみつつも、マコトとともにアルバカーキからサンタフェに向けて車を走らせていた。そして、目的地のサンタフェに到着する手前で、僕らはガスステーションに立ち寄ろうと、サントドミンゴ・プエブロ（Santo Domingo Pueblo）の先住民たちのリザヴェイション（居留地）近くでハイウェイを降りた。ガソリンを入れ、飲み水を買うと、ガスステーションのすぐ外にある敷地で、なにか小さな催しをやっているのに僕らは気がついた。ちょっと見てみようということになり、僕らはあらためて車を停めなおし、その一角に足を踏み入れた。

そこは小さなマーケットになっていて、即席のテントと長テーブルのもと、手づくりの首飾りや装飾品、陶器、そしてこれまた手づくりのブリトーやタマーリ、パン、クッキー、パイなどが売られていた。ちょうどお昼どきだったため、僕らはそこでタマーリを買い、刺すように強く乾いた陽射しのなか、それをほおばりながらアクセサリーの数々を見てまわることにした。僕ら以外に客らしき人はほとんどいない。そのせいもあってか、テーブルを出している人びとが僕らに話しかけてきた。

「どっから来たの？」ひとりの女性が僕に問いかける。

「僕は日本から、彼はニューヨークから」

「こっちのタマーリのほうが彼女の売っているものよりおいしいよ！」彼女は笑いながら、別のテーブルにいる女性にわざと聞こえるように言う。「どう？　食べてみて！　どっちがおいしい?」

からかわれた別のテーブルの女性は、苦笑いしながら、首を振っている。

僕と友人は、食べられないものはほとんどない。けれど、からさに過敏だった。

「からい、からい。けど、うまい。けど、からい」

大声をあげながらタマーリにかじりついていると、その様子を見て、みんながケタケタとくつろいだ様子で笑っている。

マコトが写真を撮ってもいいかと聞くと、ほとんどの人が「どんどん撮れ」と言って、カメラの前でポーズをとってくれる。あとで撮った写真を送れるように、彼らの住所を聞き、談笑しながらテーブルをまわっていく。

ほとんどのテーブルを見終え、一周しかけた頃に言葉を交わした男が、チャンプだった。彼もまた、僕らに陽気に話しかけ、もっと写真を撮れと言ってはポーズを何度もとり、自分のインディアン・ネームを教えてくれた。

〈白い雲(White Cloud)〉

それが彼のインディアン・ネームだった。僕らはなぜか意気投合し、たわいもない言葉を交わしては大いに笑い合った。人と人との出会いの場面では、ときとして、こういうことの起こる瞬間がある。とくに共通の話題があるわけでもないのに、笑い合い、心地のよい時間を共有できる瞬間だ。

別れ際にチャンプは、その日の夕食を一緒に食べようと誘ってくれた。サンタフェでインディアン・マーケットを見終わったら連絡をするようにと、電話番号を教えてくれ、僕らも彼に連絡先を渡した。連絡先の交換もまた、旅ではよくおこなわれることだが、行き違いになったり、短い滞在期間のなかで予定がうまく合わなかったりで、実際には会えないことも少なくない。しかしチャンプはその夜、僕らの滞在していたサンタフェ市内の安宿（といっても、この日だけは値段が高騰している）まで、妻のティナと娘のディージャを連れてやってきてくれた。

僕らは彼らの乗ってきた車に乗り込み、みんなで一緒にサンタフェ市内に繰り出し、チャンプの提案で《カウガールズ》という地元のライヴハウス兼レストランに向かった。カウガールズは、カントリー・ミュージックがライヴ演奏される店で、地元の白人たちが多く集まっている様子だったが、チャンプが先住民の友人を見つけ、時折席を立って話しかけにいくところを見ると、地元の先住民たちも通う場所らしかった。騒がしい店内で僕らはブリトーやバッファロー・バーガーなどを食べ、ビールを呑んで夜遅くまで話した。店の入り口にある庭では、音楽に合わせて幾人もの人びとが思い思いに身体を揺らしていた。

二〇歳になるというチャンプの娘ディージャは、打ち解けるまでは言葉数も少なかったが、アメリカン・インディアン・アート大学でメディア・アートの勉強をしていて、日本の文化表現に強い関心を寄せていると語った。僕の知らない日本のアニメや音楽について、「これは知ってるか?」「あれは観たことあるか?」と聞かれ、「知らない」「観たことない」をくりかえすしかなかった僕は、結局彼女にそれらの文化表現について教えてもらうことになった。

チャンプが店内で見つけて声をかけ、僕らのテーブルに呼んできた先住民の男性が、ビールをすすりながら、かつて兵士として岩国にいたことがあると語った。これまでの旅の途上で、従軍経験を持ち、片言の日本語を話す先住民やアフリカン・アメリカンにずいぶんと行き合ったが、カントリーのけたたましく鳴り響く店でイワクニという名称を聞くと、それが山口県にある米軍基地であることがすぐには呑み込めなかった。

《カウガールズ》の客たちは、夜が更けて体内に酒がまわりはじめると、次第に身体の揺らし方が大きくなり、笑い声はより劇的に、眼の色はより赤黒く変質していった。僕とマコトは店内で唯一の東洋人だったが、とくに奇異の目にさらされた感触はなく、けれども店内が親密な空間になることもなかった。元モデルだと語る細身で綺麗な中年女性二人が、マコトが手に持つカメラを見ると、しきりに写真を撮れ、撮れ、撮れと言って、カメラの前でポーズをとりはじめた。片腕のない白人の男性がひとり、庭の中央で、ユニークでコミカルなオリジナルの踊りを披露し、それを眼にした周囲の人間は、しばらくその様を見守ったが、とくになにかを言うわけでもなく、すぐにまた自分の踊りに戻っていった。

深夜一二時をまわったところで、そろそろ店を出ようということになり、僕らは宿まで送ってもらった。別れ際にチャンプは、僕らの翌日の予定を尋ね、なにもプランがなければ夜は彼の家に来て泊まっていけと誘ってくれる。人懐っこいチャンプの、大きなホスピタリティに感謝しつつ、その日は別れた。

*

チャンプと出会った日の午後、そしてその翌日の昼間、僕らは二日間にわたってサンタフェのインディアン・マーケットを訪れ、見てまわった。そのマーケットは、予想をはるかに超える規模で、とてもではないけれど限られた時間ですべてを見ることはできなかった。ストリート中に所狭しとブースが並び、アクセサリーや絵画、置物、陶器、絨毯《じゅうたん》、織物など、あらゆる表現形態のアートが展示されていた。ざっと見渡しただけでも気になる作品はいくつもあるけれど、総じて高値がつけられている。それはガスステーションの横の敷地を訪れたときに、プエブロの人びとが口をそろえて語っていたことでもあった。サンタフェのマーケットは高い、と。

サンタフェの街並みは、特徴が際立っていた。建物のほとんどが、丸太を組んだところにアドービと呼ばれる日干しレンガを用いた様式で建てられ、その丸みを帯びた土色の概観がかわいらしく、温かみのある印象をつくりだしていた。サンタフェは有名な観光地だが、インディアン・マーケットの開催されるこの二日間は、人口がいつもの約二倍に膨れあがるという。

マーケットの雰囲気や匂いをあるくことで感じとり、店を出している数人のアーティストたちと言葉を交わし、昼食にとびきりうまいインディアン・タコス（フライブレッドと呼ばれる平たく揚げたパンにさまざまなトッピングをのせたもの）を食べたら、僕らはそれで満足してしまった。もともとはこのマーケットを見にきたのだ。けれども、サントドミンゴ・プエブロの人びととのやり取りやチャンプとの出会いが鮮烈な印象を僕らに残していたため、正直言ってマーケットをこれ以上探究してみようという気が起こらなかった。それはまた、このマーケットがあまりに大規模で、商業化されていたことも理由かもしれない。そこで、僕らはインディアン・タコスをほおばりながら作戦をたて、近辺に複数ある美術館のうちのいくつかをまわることにした。

まずはじめに、ディージャの通うアメリカン・インディアン・アート大学の付属美術館を訪れた。ここでは、この教育機関が創設されてから五〇年の歴史を、一〇年ごとに一〇人のアーティストを選び、合計五〇人のアーティストでたどるという企画展示をやっていた。時代を反映したすぐれた作品がいくつも並び、個々のテーマが私的であるか社会的であるかを問わず、そしてその表現方法が明示的であるか暗示的であるかを問わず、先住民がアメリカ社会に暮らして表現するということが、時々の社会状況とどのように向き合うのかという問いと切っても切れない関係にあることを、あらためて浮き彫りにしている。「私は何者か」というきわめて私的で個人的で非政治的に見えるシンプルな問いが、公的で社会的で政治的な問いとならざるをえない状況のなかに、彼らは生きている。先住民の表現を同時代と向きあうなかでどのように見つめなおすかというテーマが、個々の作品に深く横たわっていて、見ごたえがあった。

次に訪れたニューメキシコ美術館では、先住民だけでなくその他の多様なバックグラウンドを持つアーティストが、どのように「アート」を定義し、表現を捉えなおしてきたかをテーマとして展示がおこなわれていた。ニューメキシコというローカルな文脈のなかで「アート」の再定義の試みがなされ、それが論争を呼んでいたことが、展示から読みとれる。いくつもの作品群のなかでも、ロスアラモス研究所によっておこなわれた世界初の「原爆実験」の写真を拡大した作品に眼を奪われた。のちにマンハッタン計画で知られるロスアラモス研究所は、サンタフェから北西三〇マイル(約四八キロ)ほどの場所にある。そして、人類史上初となる「原爆実験」のおこなわれたトリニティ実験場は、サンタフェの南約一二〇マイル(約一九三キロ)に位置する。「実験」がおこなわれたのは、一九四五年、広島および長崎への原爆投下のわずか三週間前だった。「実験」直後はサンタフェ周辺でも高い放射線量が計測されているし、一年に二回だけ一般公開される実験場周辺の線量は、いまでも通常環境より高いという。

最後に、ジョージア・オキーフ美術館に立ち寄った。これは、マコトがオキーフのファンということもあって足を運ぶことになったのだが、正直にいうと、僕はオキーフのことをよく知らなかった。オキーフの絵というと、大きく描いた花の絵が有名で、僕はそうしたかぎられた一連の絵から得たイメージしか持っていなかったし、そうした花の絵が女性器に似ているとかなんとかいった「論争（?）」があることくらいしか心得ない、きわめて無知な状態だった。だから、オキーフの創作の真骨頂がじつは風景画にあるということを、この美術館を通じてはじめて思い知らされたし、数々の抽象画にも驚かされた。

午後の陽が急速に落ちていき、明るい茶色の建物に影が多く映り込むようになっていた。時間がなかった。けれども僕らは、オキーフが運命的に惚れ込み、長い時を過ごしたアビキューやゴースト・ランチをひと目でも見ておきたいと思い、車を北に走らせた。なんとか暗くなる前に到着したいと、アクセルを踏む足に力を込め、赤く剝き出しになった岩の間を抜け、優雅な湖を眺め、乾燥した空気を身体に取り込みながら四〇分ほど経った頃、ついに到着した。僕らは車を停め、陽が沈みつつあるなか、周囲の風景が色を変えていくのを見守った。オキーフが描いた世界、描こうとした世界が、眼の前にひろがっていた。電線と道路と、動物を保護するための柵を除くと、ほとんど手つかずのままの地形がそこにはあった。孤独を愛したといわれるオキーフが、なぜここを世界で最も美しい場所と呼び、住みつき、アトリエを構え、晩年までの長い時間を過ごしたのか、それが少しだけわかるような気がした。

あっという間に陽が沈んでいった。

来た道を引き返す頃、すっかりあたりは暗くなり、僕らは招かれたチャンプ宅に向けて車を走らせた。手みやげに飲み物やスナックを買っていこうかと話し、待ち合わせの時間と場所を確認するためにチャンプに電話を入れると、バドワイザーをケースで買ってきてくれという。途中、ビールを売っている場所がなかなか見つからず、高速道路を行ったり来たりした。そうしているあいだにも電話があり、チャンプが「いいか、ビールを絶対に忘れるなよ」と笑いながら言った。やっとのことで僕らはビールを見つけ、ディージャやティナのためにジュースやスナックを買い、待ち合わせ場所のサント・ドミンゴのガスステーションに急いだ。到着が予定よりはるかに遅れてしまい、時刻は一〇時近くになっていた。

＊

ガスステーションでは、チャンプ、ティナ、ディージャの三人がそろって待っていてくれた。同じくガスステーションに来た友人たちとおしゃべりをして、陽気に笑っている。遅れたことを詫びると、まったく気にするなと言って、笑いながらそこにいたほかの人びとに僕らを紹介した。しばらくそこでおしゃべりをしてから、車でチャンプ宅に向かう。

チャンプの家は、先住民居留地（リザヴェイション）内にある。言葉からも想像できるように、「サント・ドミンゴ」というのは、スペイン人たちによって持ち込まれ、地図上に定着した名称で、居留地の先住民たちはこの場所を「ケワ（Kewa）」と呼んできたことを、チャンプが教えてくれた。このリザヴェイション内には、野生の馬が三頭いて、牛も放し飼いにされている。だから、昼間に車を走らせていると、馬や牛が道を横切る。チャンプの案内で家に向かったこのときは夜だったため、道の脇に牛たちがお腹をつけた状態で休んでいて、ぶつからないように気をつけながら僕らは先に進んだ。

リザヴェイションの中心地から少し離れた場所に、彼らの家はあった。平屋の一戸建てのような見てくれのトレイラーハウスで、リヴィングには羽や織物が飾られている。僕らの到着が遅れたにもかかわらず、ティナがチリスープやフライブレッドを用意してくれ、みんなで食事をともにした。食べはじめる前、彼らはそれぞれの皿の食べ物をひとかけずつスープにひたし、外に持っていってお祈りをする。最初僕は、彼らがなにをしているのかわからなかった。だが、チャンプが教えてくれた。それがこの地の祖先へのお祈りなのだ、と。

多くの伝統がそうであるように、この伝統もまた人びとによってつくられ、維持されている。しかし、少なからぬ伝統や文化的慣習が形骸化の道をたどるのに対して、この大地への祈りの伝統が、世代から世代へと受け継がれ、ちっとも不自然なかたちではなく、日常のなかに生きていることに驚く。大地への結びつき、眼には見えぬものへの畏怖の念、直接は知らぬ祖先やこれから生まれる子どもたちへの想像力は、なんら自然発生的なものではなく、こうした儀式的な所作を通じて習得される。たったひとつの伝統が、形骸化せずに生き生きと継承されていくために、どれだけの時間とエネルギーをかけた儀式を必要とすることか。そしてまた、こうした儀式が既得権益を守ろうとする人びとによって運営されたときに、どれだけの人びとが風習の名のもとに苦しめられてきたか。思えば人類の歴史は、飲み食いして生き残る歴史ではまったくなく、衣食住という生存の基本をとりまく文化をつくり、つくりなおしてきた歴史ではなかったか。チャンプたちのちょっとした所作から、そんなことを思った。日本にも、仏前にお供え物をしたり、手を合わせて「いただきます」と言ったりする習慣があると話すと、海を越えて共通性があるのだと言ってチャンプは喜んだ。

ティナの手づくりのチリスープとフライブレッドは、やさしい味がした。マコトがティナにフライブレッドのつくり方を教わっているあいだ、僕はソファに座るチャンプの横で彼の語りに耳を傾ける。現在四八歳であること、以前はカリフォルニアで消防士をしていたこと、そのときに吸い込んだ煙のせいもあって副鼻腔に症状が残っていること、不眠症でアルコール依存の問題を抱えていて、なんとかしようと治療もつづけているがまだ治癒にいたってはいないこと、前妻とのあいだにも娘がいるが、子ども好きだったその娘が、イラク戦争に行き、三年半後、子ども嫌いになって戻ってきたこと、どうやら子どもが爆弾をしかける場面を見てしまったことが原因らしいこと、ティナとのあいだに娘のディージャが生まれて幸運だったこと、娘には伝統を受け継いでほしいという気持ちもあるが、同時に自分よりもよい教育を受けて、世界に出ていってほしいとも思っていること。

チャンプの語りは止まらなかった。彼の母語は英語ではなく、ケレス語なので、時折、英語の表現がわからなくなると、ディージャに問いかける。そしてこのケレス語の響きが、音としてなんとも心地よい。そうやって中断しながらもチャンプは、次から次へと、ときに冗談を交えながら、ときにシリアスに、自分のこと、親友や家族のこと、とりまく環境のこと、世界のことを、語ってくれた。

食事を終えるとティナは、仕事で朝早く出かけなければいけないからもう寝かせてもらうけれど、明日はヘッドスタートと呼ばれる生後六ヶ月から五歳までの子どもを預かる学校で働いているので、よかったら遊びにきて、と言って寝室に向かった。僕らは礼を言い、明日電話することを約束して、おやすみなさいを告げた。チャンプが外に出て話をしようと誘うので、僕らは庭に行って、彼の用意してくれた椅子に座り、星を眺めながら話をつづけた。チャンプとマコトが煙草に火をつけ、煙を吐きだし、黒い上空を眺めた。僕は煙の匂いを懐かしく思いながら、やはり上空を見やった。ディージャも飲み物を持ってきて、僕らのそばに座る。闇のなかから、野生の馬の鳴き声と足音が聞こえた。オオカミやコヨーテの鳴き声が聞こえることもあるのだと、チャンプが語った。話が途切れると、闇が濃くなった。虫たちの声がした。静寂のなかでつづけられた話を切りあげ、床についたのは夜中の三時頃だった。

翌朝、目を覚ましたのは一〇時頃だった。しばらくすると、チャンプも僕らのいるリヴィングにやってきたが、不眠症なので二時間ほどしか眠れなかったという。僕らは一緒に写真を撮ったり、冗談を言いあったりして会話を交わし、最後にチャンプが、旅のお守りにとオウムの羽を僕らにくれた。チャンプにとって兄貴分だった人が、かつて朝鮮戦争に行った際に捕虜にされ、殺されかけたが、オウムの羽を持っていたおかげで解放され助かったのだという。だからこの羽は君たちのことも守ってくれるはずだと手渡してくれた。

別れの時間が近づいていた。僕らは何度も礼を言い、握手し、抱きあった。「これまで鬱々とした日々を過ごしていたけれど、君たちに出会って、よいスピリットが戻ってきた」、チャンプはそう語った。

ディージャがティナの働く学校まで一緒に来てくれるというので、玄関でチャンプと別れ、僕らは車に荷物を積みはじめた。そうすると、チャンプが家から走って飛びだしてきて、僕らのもとに駆け寄り、もう一度僕らを強く抱きしめた。チャンプの眼には涙があり、身体からは押し殺した泣き声が聞こえた。

――I've already missed you（会えなくなるなんて、もう寂しいよ）.

かすれた小声でそれだけ言うと、彼は振り返り、家のなかへとあるいて引き返した。僕らは彼が家のなかに入るまでうしろ姿を見送り、語るべき言葉を見つけられず、ゆっくりと車に乗り込んだ。

多くの思慮と配慮を身にまとい、底抜けのホスピタリティを発揮するチャンプが心身の問題を抱えざるをえないこと、明るく冗談好きな彼が同時に深い悲しみをも識《し》っていることを思った。それはハーレムのフィールドワークでも嫌というほど見てきたことだった。そして、僕らのような「部外者」を無償で迎え入れるために、惜しむことなく時間とエネルギーをさく人間が、決して裕福なわけでも、恵まれた環境にいるわけでもなく、それぱかりか所属する共同体内でもやっかみの対象になったり煙たがられたりすることも、経験的にわかっていた。娘が父のいないところで語った。「村には、父のことを快く思わず、嫌がらせをする人もいるんです。父は部外者にも親切なので」。ティナとディージャが彼を理解し、尊敬し、受け容れていることが救いだった。ティナの働く学校を訪れたあと、僕らは広大な自然を切り拓いてつくられたハイウェイを走って、ケワの地をあとにした。

ガスステーションのすぐ外の敷地内に設置された小さなマーケット。ずらりと並べられたアクセサリー類は、すべて彼らの手づくりだという。

タマーリ。からいけど、うまかった！

チャンプ（右）と彼の友人。

チャンプ。インディアン・ネームとともに。

サンタフェ市「最古の家屋」とされている。

サンタフェのインディアン・マーケット。

《カウガールズ》の店内。

ニューメキシコ北部の風景。ゴースト・ランチに向かう道のり。

ニューメキシコ北部。高速道路がつづく。

カラウパパ国立歴史公園
Kalaupapa National Historical Park
モロカイ島
Moloka'i
ハラヴァ渓谷
Halawa Valley
カウナカカイ
Kaunakakai
ハワイ島
Island of Hawaii
ホノカア
Honokaa
ヒロ
Hilo
パホア
Pahoa
カイルア・コナ
Kailua-Kona
キャプテンクック
Captain Cook
ハワイ火山
国立公園
Hawaii Volcanoes
National Park

2
森の生活を讃えて
Let Us Now Praise Life in the Woods

ハワイ州モロカイ島〜ハワイ島、2013年失敗だったかな――赤茶けたデコボコ道を車で進みながら、僕はそんなことを思った。車の選択を間違えたな。これでは予定していた場所までたどり着けないかもしれない。SUVかピックアップトラックにするべきだった。失敗だ。

二〇一三年の夏、僕とカメラマンのマコトは、モロカイ島にいた。前章で書いたように僕らは、二〇一一年の夏からアメリカの〈周縁〉を訪ねあるく旅をはじめていた。そして今回は行き先にハワイ諸島を選んだわけだが、じつを言うと僕はさほどの期待を抱かずにこの場所にやってきていた。前回の旅があまりに鮮烈だったからだ。

旅をはじめて二年目の前回、僕らはニューメキシコを訪れ、先住民男性との偶然の出会いに導かれるようにして強烈な体験を得ていた。それは際立って特別な時間だった。精神のうちにあって僕の世界観のようなものを支えている星座群が、キリキリと音をたてて配置換えを起こすような感覚を味わった。そういった旅は、何度もあるものではない。だからそのあとの旅は、印象が薄まるのではないかと、そんなふうに思ったのだ。

さらにそれに加えて今回は、出発の直前になってもマコトと僕の予定が合わず、航空券の手配が進まなかったり、宿が決まらなかったり、予算の関係で予定していたルートが変更になったりと、旅自体を阻む要因が多かった。

そんななかで最終的に選んだ行き先がハワイだった。しかし僕らが目指したのは、過剰に観光化され、リゾート化されたホノルルやワイキキ・ビーチではなかった。人工的に運び込まれた白い砂の横で、乱立する高層リゾートホテルを背景に、透きとおった海に落ちてゆく陽を眺め、フラを鑑賞しながら冷えたマイタイをするのも悪くはないかもしれない。けれども僕は以前から、ハワイ先住民たちのもとを訪ねたいと思っていた。彼らの生活を少しでも垣間見たいと思ったし、ハワイアンの食卓を長きにわたって支えたタロイモ畑がどんなものなのか実際に眼にしてみたいと思った。

ハワイの歴史を少しでも紐解くと、現在の日本に流通する楽園のようなイメージやリゾート化の現実の背景に、どれだけの悲痛な叫びが闇に葬られていったかを知ることになる。侵略および虐殺、植民地化による収奪、開発とリゾート化による文化破壊。挙げてゆけばきりのないこうした現象は、すべてが一様に進行するわけではないにせよ、ハワイだけに限ったことではもちろんない。アメリカ全土で見ることができるし、世界中にかたちを変えて偏在する。ただ、ハワイの場合、それはずいぶんと巧みな仕掛けによって見えにくくされているようだった。しかし、そうしたことは文献を読めば出てくるのだから、それよりもハワイの現在をこの眼でしっかり見ておこう、そう思ったのだ。

そんなわけで、僕ら二人はオアフ島で待ち合わせ、空港近くで一泊したのち、翌朝早くにまずモロカイ島に向かう飛行機に乗り込んだ。本当に飛んでくれるのかと不安になるほど小さな旅客機だったが、とくになにごともなくそれは空を舞ってみせ、僕らを運んでいった。

「こう言っちゃなんだけど、モロカイにはなにもないですよ」。そんなようなことをいろいろな人から聞かされていた。ホノルル空港で飛行機を待つあいだに言葉を交わした退役軍人の男性も、同じようなことを言っていた。なにもないからこそ、リタイアしたときそこに家を買ったのだ、と。そしてたしかに、近づいてくる島の様子を飛行機の窓から眺めていると、それはあながち間違っていないようにも思えた。高層のビル群が建ち並んでいるわけではないし、大きな集落の形跡も見当たらない。

いざ着陸して外に出ると、「なにもない」という印象はさらに深まる。そもそも空港といっても、成田やニューヨークやホノルルにつくられたような大型のものではない。それはずいぶんと慎ましく控えめな空港なのだ。小型旅客機に横付けされた心細いタラップをつたって滑走路に降り立つと、入退場共用のゲートがあり、その外にチェックインしたバッグが無造作に並べられている。建物にはレンタカーの手続き窓口と小さなショップ以外、なにもない。

車に乗って空港の敷地をはずれると、ひたすら平原がひろがる。この島には信号機が一台もないし、場所によって舗装されていない道も多く残る。ホテルは一軒のみで、あとはB&Bが数軒、食事のできるところもわずかしかない。人口約七四〇〇人のこの島は、入島制限をしくニイハウ島を別にすれば、ハワイ諸島のなかでもとりわけリゾート開発に抵抗し闘ってきた場所でもある。

モロカイ島は、大まかに言って、東西に引き延ばされた細長の楕円形をしている。西側には乾燥した荒野がひろがり、東側は森林があり渓谷がある。僕らは車を走らせ、できるかぎり島全体を見てまわりたいと思った。空港で退役軍人に教わった島内数カ所のレストランのうち、クックハウスに立ち寄り腹ごしらえしたあと、僕らはまず、西側にあるムーモミ・ビーチを目指した。クックハウスの店員がそこに行くとよいと教えてくれたのだ。

ところが、すぐに自分たちの間違いに気づいた。途中で舗装された道が終わり、荒れた赤土が顔を出し、先に進めないのだ。借りた車は、ごく普通のセダンだった。無理にそのまま進むと、土の隆起に乗りあげてしまいそうだった。それでもなんとか、クックハウスの店員が最高に美しいと呼んだそのビーチにたどり着きたかった。だから、デコボコを避けながら、恐る恐る車を前進させていた。

「この土の盛りあがり、まずくない？　乗りこえられるかな？」

「いや、大丈夫ちゃうか？」

「そう？　じゃあ、行ってみるか」

「やばい、やばい。ひっくり返る！」

世の中には失笑を誘うものが数多くある。荒れたオフロードをノロノロびくびく走るセダンも、そのうちのひとつだ。車のうごきも間抜けなら、車内の言葉のやり取りも負けず劣らず滑稽だった。

結局、僕らはムーモミ・ビーチ行きを途中で断念し、来た道を引き返すことにした。少し開けた場所で車をUターンさせていると、大型のピックアップトラックに乗ったハワイアンらしき男性二人組が近づいてきて、なにをしているのかと問いかけてくる。咎めるというより、心配しているような口調だった。事情を話すと、憐れむような眼のまま、「しょうがねえな、おめえら」というような表情を浮かべた。

とにかく僕らは舗装された道まで戻り、次はカラウパパを目指した。この場所は、ハンセン病患者を隔離し住まわせた場所として知られる。日本と同じくハワイもまた、ハンセン病患者を隔離してきた歴史を持つ。一八六六年以降、隔離政策の廃止される一九六九年までの一〇三年間、多いときで一〇〇〇人以上のハンセン病患者がここに暮らしたという。患者たちの置かれた環境に心を痛めたダミアン神父が、一八七三年にこの場所に移り住み、自らハンセン病を発症して亡くなるまでの一六年間、献身的に患者たちのために尽力した話は有名だ。カラウパパにある隔離施設は、いまでも博物館として保存され、数名の元患者たちによって維持されているらしい。そこは、ラバに乗って一時間半ほど行かないとたどり着けない場所にあり、時間の関係で施設まで足を延ばせないが、少なくともそれがどんなところなのか、ひと目でも見てみたいと思っていた。

ファルスを象徴する石造物を森のなかで探したあと、高台に立ってカラウパパを見渡すと、そこが隔離施設だったことがにわかには信じがたいほどの絶景がひろがる。何度も、そこまで降りていきたい衝動に駆られたが、ラバの出るスケジュールを聞くと、今日そこに行くのは難しい。僕らはあきらめてその場をあとにした。

近くにあったコーヒーショップに立ち寄り、裏手のトイレに行こうとすると、その前のスペースで年老いた白人女性たちが四人集まり、麻雀に興じていた。コーヒーでも飲んでから移動しようかと僕とマコトが話していると、気風のよいチャーミングなおばあちゃんが声をかけてくる。

「あんたたち、モロカイに来たんならモカママを飲んでいきなさいよ!」

「モカママ? それってなんですか?」

「甘くて冷たい飲み物よ。ここの名物。知らないの? あれ飲まなきゃ損するわよ!」

しばらく言葉を交わしたのち、僕らは言われたとおりに店内に戻ってモカママをたのんだ。併設されたギフトショップでダミアン神父に関する本を眺め、外に出てモカママを口に含んで驚いた。予想を超えてうまいのだ。どうせ観光客向けのありがちな飲み物だろうと高をくくっていた。それは、ある意味では正しいのだが、洗練され、巧妙に仕上がっていて、ひと口飲むとさらに飲みたくなる代物だった。甘みとこの土地の空気が絶妙に混じり合い、ちょうどよい加減で喉元を通る。悔しいけれど、よくできていた。

午後に入り、強い陽が少しずつ傾きかけていた。ムーモミ・ビーチにもカラウパパにもたどり着けず、いったいなにをやっているのかという気持ちになっていた。伝統的な飲み物でもなんでもない、いわば観光のためにつくられたモカママに舌鼓を打った自分を恨めしく思った。その日のうちに東海岸まで足を延ばす予定だったが、僕らはそれもあきらめ、島の中心地であるカウナカカイで車を停め、しばらくあるくことにした。中心地といっても、通りを挟んだワンブロックに、お店が集中しているだけだ。だから、五分もあるくと、端から端まで着いてしまいそうだった。僕らは当てもなくぶらぶらとあるき、グローサリー・ストアの前で、店に出入りする人びとを眺めた。食材の並ぶ場所は、いつだって人を元気にさせる。

カウナカカイの町の端まで来ると、角に書籍や音楽CDを扱う小さな店があった。店のなかは暗く、営業しているのかどうか、一見すると定かではなかった。しかし、店頭に貼られた一枚の小さなチラシが眼にとまった。眼を凝らすと、どうやらハワイアン・ミュージックのイヴェント告知のビラのようだ。とくに大きく宣伝しようという意図も感じられず、ただそこにひっそりと貼られていた。このときはまだ僕は、「へえ、そうか。こういうイヴェントが開催されるんだ」くらいにしか思っていなかった。

マコトがまだほかの場所で写真を撮っていたので、僕は通りやブロック全体を眺めながら店の前で待っていた。すると今度は、ウクレレのケースらしきものを手にした人が数名、話しながら店に入ってゆく。もしやと思い、あらためて店先のチラシを確認すると、開催日時が本日になっている。チラシを見ながら店のなかの様子をうかがっていると、店員らしき中年の女性が店から顔を出し、「よかったら参加しませんか?」と誘いの言葉をかけてくる。「音楽もあるし、食べ物も用意されますよ」。屈託のない、やわらかな笑顔だった。

ちょうどその頃、マコトが店の前までやってきた。僕らは誘われるままに店内に入った。小さな店内の奥に裏庭があり、そこに通される。僕ら以外にも、一五、六名ほどの参加者がいた。夕刻で陽射しも幾分やわらぎ、気持ちのよい空間だった。みんなが芝生の上に直接座ったり、椅子を出してきて腰かけたりしている。

しばらくすると、初老の年代に入ろうかという、しかし若々しい物腰の男性が、祈禱的な掛け声をかけ、みんながそれに耳を傾け、イヴェントがはじまった。アンクル・ピリポと名乗るその男性は、このイヴェントにはプログラムはない、と語った。ただ、流れにまかせ、オープンに人びとが語らい、歌い、踊る、そういう集まりである、と。

アンクル・ピリポのもとでフラの修業をしてきたという白人男性のジェイソンが、初めに歌を披露する。それにつづけて、アンクルや、その場に集まった八〇歳代くらいのおばあさん、おじいさんたちが、次々に立ちあがってはフラを踊る。

そこで眼にしたのは観光やショーのためのフラではなく、彼女たち自身のためのフラだった。「もう歳だから忘れちゃったわ」と半笑いで言いながらも、先ほどまでのゆったりとしたうごきが嘘のように、おばあちゃんが身体をしなやかにうごかし、ウクレレ奏者をリードするようにして、語りを紡ぎ、祈りを捧げる。意識は忘却したかもしれないことを、そばだてた足のつま先が、ひねり返した手首が、天を仰いだ首が、憶えていた。いや、ただ憶えている、ということだけではなかったかもしれない。身体のうちに潜む脈動《パルス》が、ウクレレの旋律を支える律動を捉え、それに反応し、触発され、うごきださないかぎり、舞いは起こらない。しかしこのとき、彼女の老いた肉体は、生まれたときからこの文化圏においてくりかえし刻み込んできたリズムを再生し、躍動した。忘却された記憶が肉体のうごきの流れのなかによみがえった。

芝生に座り、寝そべる大人たち全員の視線が彼女に集まった。ウクレレ奏者は、彼女の言葉とうごきに耳を傾けた。とり囲むように座ったほかのクプナ（年配者）たちが、ときおり、「イーハー」と合の手を入れる。僕とマコトは、彼女に見惚れた。生活のなかにある、媚びないフラがはじまっていた。

フラはもともと、神々への祈禱の表現だったという。このフラにおいて、祈りと語らいと踊りとが合わさり、現在というほんの一瞬の出来事のうちに実を結ぶ。記憶が再生され、未来への願望が示され、魂が招喚され、現実との調停がなされる。音楽が時間の技芸《アート》だと言ったのは誰だったか。表現された音は、時の流れのなかにありながら、苦しい闘いを経て、そこに異なるリズムを刻もうとする。それでも最後には、時のなかに身を委ね、はかなくも消えてゆく。けれども消えてゆくことは、初めからなかったことを意味しない。それは消失によって己の存在を証明し、自らを永遠のものにする。譜面に刻印され、録音技術によって再現されることで失われるもの、それを体感したい一心で人びとは消えてゆく音の表現される場に立ち会おうとするのではないだろうか。そして音楽が、本当に深く聴き届けられ、受けとめられたとき、会うことのできなくなった者の姿をそのなかに見ることができるから、人は音楽に心をうごかされ、涙を流すのではないか。あらゆる文化圏がどの時代のどんなに過酷な状況でも音楽を必要とするのは、人が人として生きてゆくうえでそれが不可欠なものだからかもしれない。フラの織りなす時空間の歪みのなかで、そんな妄想が駆け巡った。

ひとしきりクプナたちのフラが終わると、アンクルがポイの伝統的なつくり方を披露する。ふかしたタロイモを木の板の上におき、重い石でできたマッシャーでつぶしてゆく。それをさらにこねると餅のようになる。正直いって僕は、ポイに対してあまりよい印象を持っていなかった。しかし、ちぎって食べさせてもらったこのときのポイは、歯ごたえのある餅の食感で、うまかった。ふかしたタロも見事な味だった。

そのあとも、さまざまな食事がふるまわれる。甘いカレーのような煮込み料理、サラダ、持ち込まれた手料理を、本屋の裏庭で食す。陽がゆるやかにかげっていった。

多くの人が徐々に帰路につくなか、僕らは最後までその場に残り、人びとと言葉を交わした。アンクル・ピリポとも話すことができた。これまで僕らのやってきたことやハワイ文化への関心などを口にすると、アンクルは僕らを自宅のある渓谷に招待してくれるという。僕らは翌日の午後にはモロカイを離れなければならなかったが、それでも時間ぎりぎりまで、彼のもとにいたいと思った。

*

翌日、朝早くから車に乗ってモロカイの東端にあるハラヴァ渓谷を目指した。東に通じる道は一本だけで、アンクルの自宅はその道のいちばん奥にあるという。道はカーヴがつづき、途中からは舗装されていない。「やはりピックアップトラックを借りるべきだったな」、ふたたびそんな思いが頭をよぎった。けれども、昨日ピックアップトラックを借りていたら、アンクルとも知り合えなかったわけだ。

道に気をつけながら僕らは先を急いだ。なにせ時間がなかった。片側には切り立った岩場があり、ところどころに家がある。他方には奇妙なほど潮の香りのしない海がひろがる。

道は予想以上に奥までつづいていた。途中、不安になり、通りかかった家の前にいた男性に尋ねる。

「アンクル・ピリポの家を探しているのですが……」

「ああ、もっとずっとこの奥だよ。この奥に行けば必ずわかるから」、屈強そうな男性は人懐っこい笑みを浮かべながら言った。

さらに進むと、道路が終わって少し開けた場所に人が集まっているのが見えた。予定より少し遅れての到着になった。車を停めると、ちょうどホラ貝を吹いたような大きな低音が聞こえてきた。見るとアンクルが祈禱をはじめている。彼の周囲には、観光客らしき人びとが八人ほどいた。アンクルは、カルチュラル・プラクティッショナー（文化実践者）という肩書で、ハラヴァ渓谷一帯のツアーを仕切っている。そしてツアー客たちは、この一連の儀式に立ち会ったあとに、渓谷の奥へと案内され、有名な滝を観にゆくらしかった。僕らもあとから彼らの輪のなかに混じり、互いに自己紹介した。アメリカ本土から参加している夫婦やカップルがほとんどだった。

自己紹介が終わると、彼らはみな、アンクルの息子に案内され、森のなかへと入っていった。マコトと僕もこのツアーに同行することになるのかと思っていたら、その場に残るようアンクルに告げられ、そのまま彼の自宅の敷地に案内された。どうやら僕ら二人のために、アンクルが特別に時間をつくってくれたようだった。森のなかに通ずる一本の細い道を抜けると、そこにはタロイモ畑がひろがっていた。穏やかな風景だった。

あるきながらアンクルがこの場所のことを語ってくれた。

「タロイモ畑のための灌漑がかつてはあったんだけど、しばらくのあいだ使われなくなってた。ここにタロイモ畑を再生するにあたって、もう一度灌漑システムをつくりなおしたんだ。敷地内には水を運ぶパイプも通っているけれど、それは政府の所有物で、彼らはこのパイプがあることを理由にこの場所の所有権を主張してくる。いま、この場所には木々が生い茂っているけれど、そのほとんどが外来種なんだよ」

タロイモ畑の上にアンクルの家と小屋があり、その前にはパッション・フルーツ、バナナ、コットンなど、いろいろな植物が溢れている。バナナをその場でもいで食べさせてくれる。もぎたての新鮮なバナナがこれほどうまいことを、僕は知らなかった。それは、ほどよい酸味と甘みがあり、自信と誇りに満ちていた。「わたしはこういう味がするんだ」とでも言いたげだった。

タロイモ畑をずっと見たかったのだ、とアンクルに告げると、畑のなかに入れてくれ、一緒にいくつかを収穫させてもらった。タロは、ハワイ語でカロと発音される。ハート形の葉を掻き分け、茎の部分を片手で持ち、もう一方の手を泥のなかに突っ込み、細かく伸びた根を切りながら大きな茎根を取りだす。取りだしたあとは、皮をはがしながら水で洗う。イモの上の茎の部分は、取っておいてそのまま植えると再度育つことが多いという。

ひとしきり作業を終えると、裸足のまま近くの川まであるいてゆく。泥だらけになった足を川辺で洗うと、足を水に浸けながら、アンクルがさまざまな語りを聞かせてくれる。話題は、具体的な話から哲学的な話まで、さまざまなことがらに及んだ。そして、尽きることがなかった。

一九四六年の津波によってこの地が大きな被害をこうむったこと、それでタロイモ畑が全滅したこと、そのあとに飛行機で木の種を蒔き、現在の原生林が誕生したこと、ただしそのことで土着の植物の多くが失われたこと、いまのように木々が生い茂る前は少し高台にあるタロイモ畑から海が見下ろせたこと、幼い頃通った近所のアメリカン・スクールではハワイ語が禁じられ英語しか話してはいけなかったこと、自分には兄弟や同世代の友人がいたが古老たちからなぜか自分だけが「カルチュラル・プラクティッショナー」として指名されたこと、それが若い頃は嫌だったこと、六〇代になってからハラヴァの地に戻り、放置されたタロイモ畑をもう一度再生させたこと、タロイモは自分たちの食べる分と友人や貧しい人に配る分以外は採らないし売るつもりもないこと、いまハラヴァには一〇人ほどの人が暮らしており、みんながつながりを持てるようにと声をかけていること、ハラヴァに生まれて暮らす者としては、自分が最後の生粋のネイティヴ・ハワイアンであること。

そして、こうも語った。「息子や娘、孫たちの世代は、いまは私のやっていることの意味を理解できないかもしれない。私だって、若い頃は嫌だった。でも将来、わかってくれる日がくるだろうと期待してるんだ。そういう意味では悲観はしてないよ」

静かで濃密な時間だった。彼の言葉が途切れると、流水の細かくはじける音がした。この場所の持つ時間の流れに、身体が馴染んでゆく気がした。時折、蚊が飛んできていたずらを仕掛けた。

二時間ほど川辺にいたのだろうか。「また会いにきたい」と僕らが告げると、「いつでもまた来なさい」と彼は応えた。そして、冗談めかしてこう付け加えた。「でも、私が生きているうちにね」と。

タロイモ畑の美しさと川辺での神秘的な会話のあとで、僕とマコトはほかに言うべき言葉が見つけられず、ありがとう、ありがとう、ありがとうと、ただ感謝の言葉だけをくりかえしていた。僕らはそして、握手をして抱擁を交わし、最後に互いの額と額をつけた。それがハワイアンの挨拶の仕方だという。

「アフイホウ（また会いましょう）」大地の持つ芯の強さとやわらかさのこもった声で彼が言った。

僕らも習ったばかりのその言葉を返した。

「アフイホウ」

過ごした時間は決して長くはなかったはずだ。それなのに、アンクルは眼に涙をためていた。

家から出てきて彼の横に立った妻に、アンクルは微笑みながら言った。

——I'm starting to really love these guys（俺は真剣にこいつらを好きになりはじめてるんだ）.
ニューメキシコで出会ったチャンプもそうだったが、アンクルもまた、この一瞬における眼の前の他者に、すべてをかけるかのようにして、底なしのホスピタリティを発揮していた。言ってみれば、チャンプにとっても、アンクルにとっても、僕らとの関係は一日かぎりのものであるかもしれない。それにもかかわらず、そのときに、その場所で、すべてをかけようとする。もしかすると、すべてのやり取りや交換は、本来的にこのようなものであったかもしれない。

通信手段や交通網が全地球を覆い尽くすことによって、いつでもつながり、会うことができるという幻想が猛威をふるう現在でも、次にまた実際に会える保証はどこにもない。だから、この場所でのこの瞬間を、最大限に慈しむ。一日かぎりの関係は、あらゆる交流の基本形で、どうせもう会わないのだからなにをしてもよいという否定的なものではまったくなく、もう会わない／会えないかもしれないからこそ、人は眼の前の存在とともに、ひとときの奇跡を深く味わおうとする。そこでの互いのやり取りは、経済的な要素に還元できる交換ではまったくなく、交感であり、交歓だったのではなかったか。そして、だからこそこうした一日かぎりの関係が、恋愛のなかで成立したときには、洋の東西や質の高低を問わず、世界中の小説家や監督、歌手、詩人、アーティストが刺激され作品を残してきたのではないだろうか。

心のうちに想念が忍び込み、転がり、はじけ、妄想となって飛び散った。
一夜かぎりの関係——そう声に出せば、それは不埒で卑猥で軟派な印象を与えるかもしれない。あるいはまた、軽薄で皮相でなににも拘束されぬ気楽な関係を連想させる。しかし、これまでどれだけの男女が、その場かぎりかもしれぬことを知りつつ、互いの身体に触れ、愛撫し、いまここにいるのだということを確かめ合ってきたことか。やがては崩れ、はかなくも失われてゆく肉体は、そのうちに収まりきらぬ想像力と智恵と創意とを、あるいはまた悪意や嫉妬や虚栄心を、わかりやすく確認できる唯一の場だから、互いにそれを証明し合おうとする。魂を懸けて眼の前の肉体とむつみあうなかで、相手の色めきに鼻先をつけ、口に含み、舌先で転がす。普段は発せられることのない喘ぎ声に感応し、息遣いを呑み込み、姿態を凝視する。そうすることで、互いに相手の肉体のリズムを五感で聴き、それに応えようとする。このとき、個々の肉体はあまりにも窮屈で、もどかしい。肌を合わせ、粘膜を交え、個の肉体の境界線をあいまいにすることで得られるのは、しかし、個を守るために身につけてきたすべての鎧と武器を取り去ったあとに、それでもなお、互いの存在を、その異質なありようを受け容れあうことが可能で、異質な者同士が互いに存在していてもよいのだという感触なのかもしれない。相手への敗北を自らすすんで宣言すること、しかしそれでもなお自らもまた受け容れられ、存在していてもよいのだという感触を持ちうること。そしてまた、だからこそ、愛情や情動や敬愛のともなわない肉体行為は、ジャンクフードのように刺激的に見えながらも空虚で中毒性があり、やがて心身を蝕んでゆくのではないだろうか。一夜かぎりの関係が、これまでに幾度となく文学や映画や音楽や詩句や絵画の題材となってきたのには、たぶん理由がある。それは人間の交換／交感／交歓の原初形態が、そこに凝縮したかたちで、ときとして過剰さをともなって、あらわれるからではないだろうか。そしてまたそれが、人間が自らを英知ある高尚な種と錯誤した悲しく哀れな動物にほかならないことを、滑稽なほどあからさまに突きつけるからではないか。それを猥褻と呼ぶならば、人類史そのものが猥褻の歴史だ。

離陸の時間が迫っていた。僕らは、車で空港までの道のりを急いだ。到着すると、売店でモカママを買って一気に飲みほし、飛行機に乗り込んだ。舌先に残ったモカママの甘みが、妄想とともにゆっくりと時間をかけて消えていった。

「モロカイにはなにもないですよ」。そんなふうに言う人がいたら、僕はたぶん、すぐにむきになって〈なにもないことの豊かさ〉について説きたくなる。けれども、それは野暮なことだ。代わりに僕はこう応えようと思う。「あなたはモカママを飲んだことがありますか」。そして、微笑みながらこう付け加えよう。「あれを飲まないと損をしますよ」と。

＊

ハワイ島ヒロ空港で僕らを出迎えたのは、これまで耳にしたことのない音だった。

「あの音なんやろな？　ほら、あれ」。最初にその音に気づいたマコトが言った。

「ああ、本当だ。なんだろうな」

高く伸びのある音が時折、断続的に降り注ぐ雨の音にまぎれて聞こえてくる。

「スピーカーから出てきてんのか？　いや、ちゃうな。鳥かいな？」

音の正体は、カエルの鳴き声だった。レンタカーの受付嬢が僕らに教えてくれた。

「あれは、コキっていうカエルよ。夜は木の茂みに隠れるの。そしてああやって鳴くの」

「コーキ」。マコトがその鳴き声を、カエルの名前で発音して真似てみると、受付嬢はケタケタと笑った。不思議なもので、そう発音されると、本当にそう聞こえてくる。

僕らはこの受付嬢に教わった地元のハワイアン・レストランで、大ざっぱな味の大皿料理を旅の興奮に乗じてすべて平らげ、宿に向かった。この宿は、仕事をやめワシントンDCから移住してきた中年夫婦によって営まれていた。一軒家を改造して、それぞれの部屋を独立したユニットとして使用できるようになっている。そして夫婦は同じ敷地の別の家に暮らしている。

宿を予約したときにも言われたが、部屋のなかにも水道水を飲まないようにとの注意書きが置いてある。歯磨きのときも備えつけのタンクにある飲料水を使うように、と。最初僕はこの地帯の水が汚染されているのかと思ったが、宿主に聞くとそうではなく、ここの水道水は雨水を濾過《ろか》して用いているため、慣れない旅人が飲むとしばしば腹をくだすことがあるのだという。

翌朝早く起きだし、僕らはヒロの町をあるいた。町の片隅で、ファーマーズ・マーケットが開催されている。聞くと毎週水曜と土曜に開かれているとのことだった。マーケットは小さいが、活気に溢れている。やはり食材の並ぶ場所は、僕らを元気にさせた。各種の野菜やフルーツに加えて、はちみつやパン、コーヒーなどが、所狭しと並んでいる。オーガニックの食材も多い。

そうやって見てまわっているあいだにも、何度も雨が降ったりやんだりをくりかえす。到着したときにもすでに雨が降っていたが、ヒロの年間降水量は東京の約二倍で、同じハワイでもホノルルとは気候がずいぶん異なる。

ハワイ諸島のなかでもハワイ島はいちばん大きな島なのだが——だからビッグ・アイランドと呼ばれる——島内を移動すると、気温、湿度、標高のめまぐるしい変化を経験することになる。雨の多い東海岸のヒロ、快晴の多い西海岸のコナ、一九八四年にも噴火した活火山マウナ・ロア（標高四一六九メートル）、天文台で有名なマウナ・ケア（標高四二〇五メートル）など、Tシャツに短パンでないと過ごしにくい場所からダウンジャケットなどで防寒対策をしなくてはいけない場所まで、じつに多様だ。なんでも、世界に五つあるケッペンの気候帯のうち、四つを経験することができるという。

昼間のうちに僕らは、町をあるいてまわり、いくつかのミュージアムにも立ち寄った。《パシフィック・ツナミ・ミュージアム》では、この町の経験した幾度にもわたる津波の被害と復興の記録が展示されている。そして、日本の三・一一のことも大きくとりあげられていた。《ライマン・ミュージアム》では、ハワイで用いられてきた民具や海の漁に欠かせない道具などが展示されている。また、展示を見ると、中国、ポルトガル、日本、韓国、フィリピンなど、さまざまな国からの移民がやってきて、文化の混淆が起きるなかで現在のハワイが形成されるにいたったことがわかる。

ミュージアムを見終えると、マコトがどうしても《火山国立公園》に行きたいという。僕は当初、火山を見たいという気持ちはほとんどなかった。火山公園が大いに観光化されているだろうことは予想できたし、火山の仕組みなどについては行かなくても知ろうと思えば調べることができる。なにゆえに人びとがこぞって火山を見にいきたがるのか、つかみかねていた。それでも僕は、マコトの願いにしたがった。この男にはしなやかな動物的嗅覚がある。彼の直感にはしたがったほうがよい。

国立公園敷地内には訪問者のための案内所があったので、僕らは車を停め、その建物のなかに入った。ギフトショップがあり、公園内の地図がおかれ、トイレが隣接する。ごく普通の案内所だ。多くの人でにぎわっている。

アジア系の顔立ちの案内係がウクレレを片手に立っていた。マコトが英語で話しかける。

「ウクレレを演奏できるの？」

「いいえ、ただ持っているだけなんです」彼女も英語で返してきた。

しばらくやり取りがつづいたあと、互いが日本人だと気づく。

「ええ！　日本人なんですか？　現地の方かと思いました」彼女はそう言って飾り気のない笑顔を浮かべた。

「おふたりでご旅行ですか？」彼女がつづけた。「仲がいいんですね」

「俺ら、カップルちゃうで」マコトが冗談で返す。

「ふーん、そういうことにしときましょう」彼女がさらに笑顔を深めて返す。聡明で気転のきいた返しだった。僕も誘われるように笑う。

「いやいやいや、ホンマに」マコトが笑いながら言う。「俺ら、普段は別々に暮らしとるし。会うのは一年に一回やし」

「ふーん、一年に一回しか会えない関係なんですね」

初対面でこういう会話のできる人はそれほど多くない。ユーモアの応酬は、彼女の側に軍配が上がった。

やがて彼女が自分のことを語ってくれた——大学で環境学を学んだあと、ネイチャーガイドを目指してハワイ火山国立公園の研修を申し込んだこと、かつてイギリスに留学していたこと、将来はニュージーランドで働きたいと思っていること。短いやり取りからも、年若い彼女が、この時代の行く末と自らの将来とをしっかりと見据え、行動を起こしていることが伝わってきた。しかも、決して使命感や責任感からだけではなく、楽しみながら。僕らは連絡先を交換して別れた。

ダークグレーの溶岩石に覆われた大地の合間をぬって車を走らせ、ところどころにできた噴火口跡を眺め、僕らは海際に向かった。その間も雨が降ったりやんだりをくりかえしている。空に何度か大きな虹がかかった。車を停め、海の波しぶきなのか霧雨なのかわからぬ水滴を顔面に受けとめ、波打ち際から火山を見上げた。マーブル模様の溶岩石の先に緑の草木で覆われた山がひろがり、その上には雨雲がつづいていた。一度は灼熱で焼かれた土地に緑の再生した光景を、僕はある種の感慨をもって見守った。時折、雲の合間から薄明がもれ、大地を乾かした。雨上がりのしびれた匂いがわきあがった。

しばらくしてから僕らは来た道を引き返し、国立公園内のホテルとレストランのある場所でコーヒーを飲みながら陽が沈むのを待った。「陽が暮れたあとの火口が綺麗ですよ」と、先の案内係の彼女が教えてくれたのだ。

真っ暗になった頃、僕らはキラウエア・カルデラの北に位置するジャガー・ミュージアムに車を停め、展望台に立った。闇のなかにあるハレマウマウ・クレータに、炎のような赤が明滅していた。そこに何者かが住んでいて、葛藤や苦悶や怒りを抱え、身をよじっているように見えた。あるいは大地自体が生きていて、誰にも聴き届けられることのないメッセージを発しつづけているようにも思えた。それは美しい徒労であり、高貴な嗚咽《おえつ》であり、神聖な発狂だった。

ハワイ島での暮らしは、土地に生成した神々との結びつきなしには考えられない。火山の女神はペレと呼ばれる。さまざまな神話や言い伝えのなかで彼女は、多くの場合、美しく身勝手で嫉妬深い女神として描かれる。そして人びとは彼女に畏怖の念をもって接してきた。それは、人を魅了し、また同時に人を超える力を見せつける「自然」や「地球」や「生命圏」そのものの言い換えのようにも思える。

道中で立ち寄ったファーマーズ・マーケットで行き合った、地熱発電所の建設に反対する人びととの会話を想い起こした。

「私はニューヨークからハワイ島に引っ越してきて、この近くに家を買って住んでるんです。太陽光パネルを取りつけて発電しているので、電気料金は一切払っていません。大手の電力会社から電気を買う必要がないんです。火山噴火の可能性があるので、土地と家は安かったんです。噴火したらどうするかって？　そりゃ、そういう土地に住んでるんだから、ありうることだと思って受け容れてますよ。そのときはそのときですよ。またおさまったら家を建てなおせばいいんです」

＊

翌日、僕らはある日本人夫婦の家を訪ねた。彼らは電気も水道もガスもなにもない、いわゆるオフ・グリッドと呼ばれる場所に土地を買い、そこを切り拓いて家を建て、暮らしはじめているという。僕らがハワイ島を訪れること、ハワイ先住民文化やヒッピー文化、そのほかの一連の対抗文化のあり方に関心を寄せていることを知ったマコトのかつての上司が紹介してくれたのだ。前日にその夫妻に電話すると、いまはまだ家を建築途中で、なにもないところだけど、それでもよければどうぞ、という。その言葉に甘えて僕らは、出かけていった。

僕らはまず、彼らの暮らす場所の少し手前にあるパホアの町まで車を走らせた。パホアは小さな町だが、さびれた様子がなく、手入れが行き届いているのが見てとれた。手みやげにビールでも買っていこうと立ち寄ったスーパーに入ってあることに気がついた。並んでいる食材が、ほとんどすべてオーガニックなのだ。野菜、フルーツ、シリアル、ワイン。店内で販売しているスムージーまで。

僕らはパホアの町を通り越し、さらに東に進んだ。やがて舗装された道が終わり、砂利と土の道へと変わる。通りの一角に集合郵便受けが設置されていた。森のなかへとさらに奥に進んでゆくと、紹介されたヨウスケさん夫妻の暮らす場所がある。

土のデコボコ道をおそるおそる先に進み車を停めると、ヨウスケさん、彼の妻、沖縄から遊びにきているというノブヨシさんの三人が出迎えてくれた。どうやら、午前中のひと仕事を終え、昼休みの時間らしかった。互いに握手を交わし、自己紹介をする。ノブヨシさんは琉球語と日本語のみごとなバイリンガルっぷりを披露したあと、これから自分は昼寝の時間だからと言って席をはずした。実はノブヨシさんは、沖縄に「浜辺の茶屋」などのカフェをつくったことでかなり名の知れた人らしかった。けれどもここでは彼は、ゲストハウスではなく、わざわざ敷地内のあいたスペースにテントを張り、寝袋を持ち込んで寝泊まりしている。森のなかでいろいろな音を聞いているほうが、昔を想い出して落ち着くのだという。それは、わからなくはない感覚だった。

僕らは、もうじき完成するという家の様子を見せてもらいながら、ヨウスケさんに話を聞いた。長身でよく日焼けし健康的な印象の彼は、なんら構えることなく淡々と言葉を口にする。時折、やはり長身でスラリとして健康そうな彼の妻が、説明を補った。

「ロサンジェルスでテレビのプロダクションの仕事をしてたんだけど、それが前から嫌で辞めたいと思ってたんだよね。消費的な現代の生活も嫌で、移住を決意したんだ。たとえば、トイレのレヴァーをひねれば、三〇リットルの水が流れてくようなね。それでまず慣れるためにホノルルに移り住んで、そこから完全にオフ・グリッドの土地をわざわざ探して、四年前にこの土地を買ったんだ。一年半ほど前から、ここビッグ・アイランドにいる。ホノルルにも不動産を買って、それを貸して家賃収入を得てる。ここにいるとカネなんてあまり使わないんだけど、金銭的につづけられなくなると困るからね。僕らと同じようにオフ・グリッドの土地で暮らす人たちがこの近辺には集まってるんだけど、つづけられなくて元いた場所に帰っちゃう人もいるみたいなんだ。だから、最初はまわりの人にずいぶん心配されたよ。ここに来たあと、まず僕らは友だちの家から通いながら、離れのゲストハウスをつくった。一ヶ月くらいかかったかな。それから、その場所に暮らして、今度はメインの家を建てはじめたんだ。それがこの家だよ。家なんかつくったこともなかったから、ユーチューブで調べながら柱とか壁とかをつくったんだ。重い柱なんかは地元の大工さんとか友だちに手伝ってもらった。けど、それ以外の基本的なことは全部自分たちだけでやったよ。将来的にはゲストハウスに人を呼んで、野菜を僕がつくって、その野菜でうちの妻が料理して出したいなって思ってる。そして、こういう生き方もあるんだってことを見てもらいたいなって思う。ただ見てもらうだけでいい。こうしろとかああしろとか、これが正しいんだなんてことは言えないし、言いたくもない。いまは、屋根に太陽光パネルを取りつけてて、電気は全部それだけでまかなってる。それでもあまっちゃうんだ。ゆくゆくは車も電気にしたいね。雨水はいま、濾過してシャワーなんかに使ってる。そのうちに井戸も掘ってもらうよ。オフ・グリッドの状態から自分たちで電気や水を整えていったんだ。トイレは、用を足したらそこにオガクズを入れて、そのあと堆肥にしようと思ってるんだけど、いまのところ全部土にかえっちゃうね」

短い時間のなかでずいぶんとたくさんのことを話してくれた。淡々とした話しぶりからも、ゆるやかに楽しみながら、じっくりと自分たちの暮らすこの土地を耕していこうという想いが感じとれた。

「まだまだ、できてないことも多いんだけどね」ヨウスケさんが伸びをしながら言った。

「いいんだよ。あせらずにゆっくりやっていけば」彼の妻が穏やかに言った。

彼らの声のトーンからは、「絶対にこうせねばならない」という堅苦しい気負いや切迫感は読みとれない。そしてそれは、これからの生活や環境・文化運動のあり方にとって重要なことに思えた。時には旅に出たいし、ビールも飲みたい。町まで出て食材を買うこともあるから完全な自給自足ではない。でもそれでもよい。これまでよりはましな生き方をしたい。無理をせずに、できることから、じっくりと。そんな彼らのスタイルを垣間見た気がした。

彼らだけではないかもしれない。ここ数年のあいだに出会ったなかでも少なからぬ人びとが、自分たちの暮らしをゆるやかに、しかし着実に変えてゆこうとしている。とりわけ日本では、三・一一以降にこうした実践者に出会う機会が多くなった。急激な改革や変革やら革命は、急激な揺りもどしを生む。そしてそれは、劇的に変わったように見えてなんら根本的変化をもたらさない。彼らの生き方に見られるのは、幾度もの劇的な目立った変化の希求の末に、種の存続を意識した人びとが智恵と勇気をもってたどり着いた、人間種としての「晩年のスタイル」（エドワード・サイード）なのかもしれなかった。

別れ際、庭の木になるパパイヤをいただいた。「食べきれないから、持てるだけ持ってってて」、ヨウスケさんはクールな落ち着いた声で言った。僕らはお礼を言い、なにかがここではじまりつつあるというワクワクした予感を抱いてその場をあとにした。帰り際、テントの横でぐっすりと眠るノブヨシさんの姿が眼に入った。

翌朝、目覚めてまず僕らがしたことは、もらったパパイヤを食べることだった。果物ナイフでパパイヤを切り、飛びだす果汁を指ですくいながら、スプーンを差しこみ、おもむろに口に運ぶ。マコトと二人で、「うまい、うまい」と大声で叫びながら、食べつづけた。止まらなかった。パパイヤを食べたことはこれまでも何度かあったが、こんなにうまいのははじめてだった。熟れ具合もちょうどよい。果実が舌先で溶け、しかし適度な食感を残して喉元を落ちていった。一瞬おいて、ほのかに甘い香りが、鼻腔内を追いかけてきた。

僕らはそれから、コナ海岸を目指して車を走らせた。コハラ山地の脇を抜けるとき、眼の前にまた絶景がひろがった。僕らは車を停め、強い風を全身に受けながら、遠くに空と海と大地が溶けあってゆく様子を見つめた。時折、僕らの頭上をちぎれた雲が飛んでいった。眼下にひろがる緑の土地に、淡い影が映り込んだ。

——この風景以外、なにもいらないな。

そんな気持ちになった。しかし同時にそれは、ひとときのはかない夢のようにも思えた。やがてはこの景色も、鋭く変質させられてゆくのかもしれなかった。ほかでもない人間の手によって。高速で通り過ぎてゆく幾台もの車が、僕らを現実に引き戻した。それでも僕らは、空と海と大地が混じり合うのをいつまでも眺めていた。

モロカイ島のこぢんまりとした空港。

《クアラプウ・クックハウス》。意外なほど洗練されていた。

モロカイ島のコーヒー倉庫。イイ。かなりイイ。

カラウパパ。かつてハンセン病患者たちを隔離した施設には、ラバに乗って崖を降りないとたどり着けない。

モロカイ島ハラヴァ。アンクル・ピリポとともに森のなかへ。

タロイモ。これと戯れるのが夢だった。

大きく生長したタロイモの葉。すべてがハートのかたちで、ほくほくする。

アンクルがタロイモのことを語り聞かせてくれる。この人は智恵の宝庫。

ハワイ島ヒロのファーマーズ・マーケット。気持ちのいいローカル食材がたくさん並ぶ。

ハワイで出会った食事。

ハワイ火山国立公園内。霧雨のなか、何度も虹がかかる。

溶岩が固まってできた地形。

ハワイ島ホノカアのストリート。

コナ海岸のコーヒー園内にあるカフェ。正面にひろがるコーヒー畑と海に見惚れる。

ハワイの植物たち。あ！ コーヒー豆の上に！

サークル・ホット・スプリングス
Circle Hot Springs
バロウ（ウトキアグヴィク）
Barrow(Utqiaġvik)
アラスカ州
State of Alaska
フェアバンクス
Fairbanks
デナリ国立公園
Denali National Park and Preserve
タルキートナ
Talkeetna
アンカレッジ
Anchorage

3
モンタナ・クリークとサケたちの死
Montana Creek and Death of Salmons

アラスカ州アンカレッジ〜フェアバンクス、2015年八月なのに乾いた寒さのなかにいた。

湿り気がないぶん辛辣で、肌に貼りついて刺したあと、心身をキリキリとえぐった。気温はそれほど低くはないはずだった。おそらく、数値にして報告すれば、「えっ、なに？　たいしたことないじゃない。情けない」と非難されそうな程度のものだ。でも、写真家のマコトはニューヨークのうだるような灼熱から、僕はもはや亜熱帯化した東京のやる気を挫《くじ》く極暑から現地入りしていた。気温差に身体がついていかない感じがあった。加えて僕らは二人とも極端な寒がりだった。

「うわ。なんか、さむない？」

空港の建物を出てすぐにマコトはそう言った。防寒用の肌着をつけ、シャツの上に厚手のパーカーを着てもまだ寒い。過酷な旅が予想され、ただでさえ重かった気持ちが、ますます沈澱していった。

フィールドワークと称してさまざまな土地を訪れ、頼まれもしない紀行文を書いていると、

「旅が好きなのですか?」と訊かれることがある。でも、そのたびに応答に窮してしまう。すでに用意されたような観光名所を訪れたいという気持ちは、幼い頃からあまりない。かといって決められたルートを積極的に拒絶し、道なき道をゆく冒険が好きだった記憶もない。内向し、引きこもり、いつもなにかに怯えている。そして、いつだって「最悪の事態」を妄想し、心のなかで遺書を記し、疲弊する。やがてそれに身体が耐えられなくなる。内側にあるなにかが暴れだし、手がつけられなくなる。発狂か自滅かの選択を迫られるなかで、意識や身体にまとわりついて離れない言葉群を壊したくなる。いつだってそうやって旅に出る。いや、正確に言うと、そうやって航空券を買う。

それでも、旅に出る日が迫ってくると、嫌で嫌で仕方がなくなる。心身が深く沈んでふさぎ込み、眼にうつる風景の色が濃くなり、ため息が多くなる。単に億劫《おっくう》になるのとは違う。もっと積極的に嫌になるのだ。旅に行かないための理由をいくつも思い浮かべる。逆に行く理由はひとつも思い浮かばなくなる。飛行機事故やトラブルの報告が眼につくようになる。旅の最中に命を落とした人びとのエピソードが想起され、また夢に出てくる。自分でも情けなくて嫌になるけれど、これは止めようがない。そして、最後には遺書を書くような心持ちで大勢の友人たちにメールを送り、そのまま空港をあとにする。

しかし、一旦飛行機が飛び立つと、事態は急転する。まったく異なるリズムのなかに身体が投げ込まれたような感触を得て、これまでの逡巡の鬱血が嘘のようにひいてゆくのだ。そして新たな土地に降り立つと、もう別人のように気持ちが晴れている。意識は外にひらかれ、食欲がわき、「なんでも見てやろう」という気分とともに、愚かで浅はかな自意識が爽快な崩壊をむかえる。

少なくとも、これまでの旅はそうだった。

けれども、今回のアラスカへの旅は、少し事情が違っていた。飛行機に乗っても、乗り継ぎをしても、乗り換えた飛行機を降りても、空港の外に出て冷たい空気に身体を刺されても、相変わらずなにかが貼りついたままだった。

到着してアンカレッジに一泊したあと、僕らはすぐにフェアバンクスまで車で向かった。アンカレッジやフェアバンクスの夏はとても暑くなることがある、と聞いていたのだが、僕らは終始ガタガタと震えていた。それでも北上してゆくルートから見える風景は圧倒的だった。いくつもの川を越え、湿原を通り抜けてゆくと、冷たくしんとした空気の奥に壮大な山々がひろがっていた。氷河を見ることのできる場所がいくつか確保されていて、そこに立つと白銀の巨大な氷塊が眼に入る。氷の割れ目には透きとおった深い水色がはしり、ところどころに茶色の線がマーブルのように織り交ぜられていた。

途中、川の様子を見るために車を停めて外に出ると、別の車が停まっていて、中年の女性が心配そうに川のほうを見ていた。なんでも、若い友人の夫婦が一週間かけて雪山にのぼり、今日こちら側に戻ってきた、最後に川を渡らないといけないので、ラフトを用意しておいておいたのだが、誰かが盗んでいってしまった、それで川を渡れずにいるので別の友人に頼んで別のラフトを届けにいっている、とのことだった。アラスカでも最近はこの手の盗難が増えているという。彼女の視線の先には、たしかに、若い男女の姿と犬一匹が見えた。二人ともとくにあせった様子はなく、ラフトがないなら仕方がないか、別のラフトが届くまでのんびりしようといわんばかりに、草むらに横たわり空を眺めているようだった。その草むらと僕らが立つ道路脇のスペースとのあいだに川が流れている。川の幅は五〇メートルくらいだろうか。向こう岸までさほどの距離はないかもしれないが、流れが急なので、それが隔たりを大きく見せていた。

女性は、アナと名乗った。カリフォルニアに生まれ、その後看護師としてニューヨークのアッパーイーストサイドにある大病院、《マウント・サイナイ・ホスピタル》で働いた。一度カリフォルニアに戻り、結婚してからアラスカに移住したのだという。

「夫はすでに大学院を出て博士号を取得していたんですが、アラスカに来たのをきっかけに今度は地球物理学の分野で博士号を取ったの。それで、あそこに雪山が見えるでしょ？　あの山には何度も調査に出かけてるし、北極圏まで行くこともあるの。調査や研究のために何十日も山に入るんです」

しばらくするとアナさんの視線の先に、二人組の男性がラフトを抱えて現われた。そして、夫婦のもとに行き、なにやら話し合っている。アナさんによると、どうやらひとまず男三人でこちら側までラフトを漕いで渡ってきてから、再度向こう側に渡って妻と犬とをピックアップするらしかった。僕らは手伝えることはなにかないかと、何度かアナさんに尋ねた。しかし、彼女は、

「ありがとう。でも、大丈夫よ。それに流れが急だから、あなたたちに川に落ちてほしくないし、怪我をしてほしくない」

とくりかえした。

たしかに川の流れを見るかぎり、素人の僕らが手を貸せることはなにもないようにも思えた。マコトも僕も、どちらかといえば、典型的な都市生活者だった。アウトドアやキャンプの経験もなかった。マコトは筋肉質ではあるが、二人とも身体を鍛えているわけではない。細身で体力の盛りを過ぎた、アラフォーの中年男だった。悲しいことに、手助けしたらかえって迷惑になる可能性は大きい。だから僕は立ち去ろうかとマコトにもちかけた。だが、いくらアナが言ってもマコトは手伝う気満々だった。

「いやいや、この状況でおいていかれへんやろ」

マコトは言った。この男の魅力は、こういうところにある。

まずマコトが川辺までつづく急な斜面を滑り降りた。僕もそれにつづいた。アナがしきりにうしろから声をかけてきた。

「本当に気をつけて。水の流れは急だから。川に落ちたら終わりだから」

ここで川にさらわれて溺死したら、どういうふうに報告されるのだろうか。「日本出身のひ弱な二人組が、雪山を一週間かけて旅するような屈強なキャンプ経験者を勇敢にも救おうとして亡くなりました」とでもなるのだろうか。いや、報告すらされないのかもしれない。そんなことが頭をよぎった。しかし、そんな妄想も、寒さが深まるなかで凍りつき、解体して見えなくなった。

向こう岸から三人がラフトを出した。すごい勢いで流されていく。だが、三人は懸命にオールを動かし、その流れのなかをこちら側に向かって漕いでくる。近づいてきた。

次の瞬間、若い男がラフトから細いロープを僕らに向かって投げた。おそらくは、それをつかんでマコトと僕とでラフトをこちら側の岸に引きあげなければならなかった。だが、男の投げたロープは彼の手元でからまり、まっすぐには飛ばずに別の方向に落ちてしまった。僕らはそのロープをつかめず、彼らのラフトは僕らの眼の前で、岸のそばにあった岩にぶつかってふたたび濁流に流されていった。

「無理するな」

と男は僕らに向かって言った。

男たちはふたたびオールを必死に動かし流れに抵抗した。やがて、一〇〇メートルほど流されたところで、比較的流れが穏やかなポイントを見つけ、岸に近づいたところでそこからラフトごと岸につけた。

マコトと僕はほっと胸をなでおろし、ラフトに駆け寄っていった。屈強な男たちは僕らに礼を言い、僕らは彼らの荷物を運ぶのを手伝った。雪山のなかで背負っていたという大きな登山用ザックを、マコトが持とうとして叫んだ。

「重！　なんじゃこりゃ！」

僕も持たせてもらったが、生半可な気持ちではとても持ちあがらない。背負ったらそれだけで腰が折れてしまいそうだった。年若いその男は、僕らのそんな様子を眺めて、子どもを見るような眼つきになったが、眼が合うとすぐにまたさわやかな青年の表情に戻り、自分のたどった旅の行程を手短に語った。そして、「普段はフェアバンクスでサウナをやってるから、よかったら遊びにおいで」と言って連絡先をくれた。

アナが夕飯を一緒にどうかと誘ってくれたが、今日中にフェアバンクスまでたどり着かなくてはならなかったので、なくなく断り、先を急いだ。道中、アナに教えてもらった道路脇のバーガー屋で安くて絶品のフィッシュ・バーガーをほおばり、ひたすら車を走らせた。

広い――。

とにかくアラスカは広かった。アメリカ本土（四八州）の地図を眺めているときには気がつかなかったが、アラスカはアメリカ最大の州で、テキサスの二倍以上ある。行けども行けども、地図上で見ると少ししか進んでいない。それでも、夕方を過ぎ、夜八時をまわっても、まだ外が明るいのが救いだった。白夜とまではいかないが、緯度の高いフェアバンクス周辺では八月は夜一一時を過ぎないと真っ暗にならない。僕らは絶景を眺めつつ先を急いだ。大きなムースが一頭、道の脇に立って、通過してゆく車をじっと見つめていた。

一一時半頃にようやくフェアバンクスに到着し、予約しておいた宿、《スヴェンのベースキャンプ》にチェックインした。フェアバンクス界隈は宿の値段もけっこう高い。だから、安い宿を見つけるのに苦労した。やっと見つけたこの宿は、だけど、安モーテルというよりは小屋に近い。ロッジといえば聞こえはいいが、簡素なつくりの納屋だった。要するに、文字通りのベースキャンプなのだ。いくつかある小屋のうちのひとつに案内され、なかに入ると二段ベッドと手づくり感あふれる簡素な棚以外には、なにもない。当然、暖房器具もなく、小さな裸電球がひとつさがっているだけだ。

「ここが君らの部屋ね。ブランケットは持ってる?」

とスヴェンが尋ねる。

僕らが首を横に振ると、

「じゃあ、待ってて。いま持ってくるから」

と言って彼は外に行き、しばらくして戻ってくると僕らに薄い寝袋を手渡した。

「はい、これ寝袋ね」

スヴェンはそう言うと、「じゃあ、また朝に」とだけ言い残して部屋を出ていった。

外では滞在者たちがみな、分厚いコートやセーターを着込み、火のまわりに集まって楽しそうに談笑していた。そこで僕らはようやく間違いに気がついた。この宿は、キャンプや野宿の装備のある人間が宿泊する施設なのだ。あきらかに軽装の僕らの格好は浮いていた。

暖かいブランケットが提供されるのかと思っていたが、使い込まれた寝袋だけだった。それでもなにもないよりはよほどましだ。コイン・シャワーもあると聞いたが、寒くてとてもじゃないがシャワーどころではない。外は雨が降りはじめ、少しずつ強くなっていった。そのまま僕らは寝袋に入り、マコトは眠りにつき、僕は睡魔とたたかいながら記録をつけた。

翌朝、僕らは寒さのなかで目覚めた。寝袋のなかは暖かいのだが、とにかく部屋のなかが寒い。目が覚めても起きあがるまでに時間がかかるのだ。まどろみのなかで不毛な格闘がはじまる。起きあがろう、いや、もう少しだけゆっくりしよう、マコトもまだ寝ているみたいだし、いや、時間がもったいない、いますぐ行動しよう、いや、もうちょっと寝ていてもバチは当たるまい、外気が冷たいのがいけないんだ……。終わることのない高尚なアポリアのなかで、意識が苦闘に負けてうすれ、いつの間にかふたたび眠りに落ちていた。次に目を覚ましたのは、マコトからの電話が鳴ったときだった。

「先に起きてコーヒー買いにきてる。なんなら、買ってってたるで」

コーヒーをひとつ頼むと、僕はのろのろと起きだし、罵り言葉を小声でつぶやきながら、出かける準備をはじめた。そのうちにマコトが戻ってきて、僕らは車でまずヴィジター・センターに向かった。そこで地元の地図を確保し、アラスカを北上するダルトン・ハイウェイについての情報を得たかった。すでに書いたとおり、アラスカは広い。だから移動には時間がかかる。さらに言えば、陸路で行ける場所がかぎられている。飛行機や舟を使わないと入れない場所がいくつもある。だが、そのような移動はかなり高くつく。本当は最北端のバロウという村に行ってみたかった。僕らの旅は、二〇一一年、合衆国本土の最南端、フロリダのキーウェストからはじまったし、最南端の州ハワイにも訪れていたからだ。だが、バロウには飛行機でないとたどり着けない。マコトとの事前の打ち合わせで、それは次回以降に見送ることになった。アリューシャン列島やジュノーにも行ってみたかった。だが、そこにも空路か水路を使わないと入れない。いろいろな選択肢を検討しては断念し、最後には、「せめて陸路でたどり着ける最北端プルードウ・ベイには行こう」という話になった。

あとで現地に暮らすさまざまな人に聞いてわかったことだが、アラスカを縦断するなまなましい原油パイプラインの出発点として有名なプルードウ・ベイには、一般人は立ち入れないらしかった。ただ、その手前のデッドホースまでは行こうと思えば行けるという。しかし、僕らが「あなたは北限まで行ったことがありますか?」と尋ねると、地元出身者はみな一様に首を横に振り、「なんであなたはわざわざそんなところに行きたいの」とでも言いたげな表情を浮かべた。これは、でも、考えてみればあたりまえのことかもしれない。デッドホースに行ったところで、とくになにかがあるわけではない。「なにもない豊かな大自然」を愛してここにキャンプにやってくる人たちは、通常、相当なお金をかけて装具を用意し、防寒具や食料や水を準備し、しかるべき移動手段を確保したうえでやってくる。いわば、普段の生活から離れ、「非日常」を楽しみにやってくる人が多い。地元で生活している人からすれば、そういう「非日常」を楽しもうとするための「余裕」や「文化資本」に恵まれていないかぎり、行きたいと思えるような場所ではないのだろう。

だが、生活者でもキャンプ滞在者でもない僕らの前に、さらなる壁が立ちはだかった。ヴィジター・センターで出会った人のよさそうな初老の男性が説明してくれた——ダルトン・ハイウェイは途中から舗装されておらず、天候によって道の状態が悪くなる、だからレンタカー会社は通常そこまで行くことを認めていない、許可している会社は二社だけ、いまから予約が取れるかどうかわからないが電話してみるとよい、と。

（なにー、そうだったのか！）

僕らは早速、教えてもらった番号に電話をかける。一社目はすでにすべての車が出払っているという。そして、値段も一〇〇〇ドル以上かかるという。二社目はお休みですぐに対応できないというので、メッセージだけ残して電話を切った。いずれにしても、今日これからすぐに出発というわけにはいかない。なにせ、デッドホースまで片道一三時間、北極圏に入ってすぐの村、コールドフットまででも六、七時間はかかるというのだから。

僕らは作戦を立てなおしつつ、昼食をとりにダウンタウンに向かった。あるきながら店を決める。歴史あるレストラン、《ソーピー・スミスのパイオニア・レストラン》に入り、名物のクラブ・ケーキ・サンドイッチとサーモン・バーガーをとって半分ずつシェアする。どちらもうまい。店員が親しみやすく、店内の雰囲気もよかった。「うまい、うまい」と食べていると、極度にフェミニンな言動をとる細身長身のゲイの男性店員が、「今晩はオーロラが見えるそうよ！」といって大声をあげ、店内が静まりかえると「聞こえなかったの？ オーロラよ！ 今晩はオーロラが見えるの！」と旋律的、情緒的に声をあげ、店内をあるいてまわった。一瞬なにごとが起きたのかと思ってぎょっとしたが、彼がオーロラの話をしているのだと思うと、なにか微笑ましかった。僕らのテーブルを担当していた笑顔のすてきな中年のウェイトレスが、オーロラが見えるための基本条件——平野であること、とにかく暗いこと、光のノイズがないことなど——を説いたうえで、見物に適したよいスポットをいくつか教えてくれた。そして、こう付け加えた。

「わたしはここに住んでるから、オーロラ自体は何度も見てるけど、ちゃんと本格的に支度をして見にいった先でオーロラが見えると、鳥肌がたつほど興奮する。オーロラはね、毎回、見え方が違うの。ひとつとして同じオーロラはない。いま、こうやって話していても鳥肌がたってくるくらいね。今晩、チャンスがあるみたいだから、いま教えた場所に行ってみるといいと思う」

僕らは食べおわって支払いをすませると、チャーミングな笑顔のウェイトレスに礼を言って別れを告げ、「クラフト・マーケット」と書かれたギフトショップに立ち寄った。店内には木彫や装飾品、ポストカードなどのさまざまな種類のみやげ品が並んでいる。店の奥にいた中年女性が接客してくれた。話を聞いてみると、普段働いている人が今日は用事で不在なので、たまたま代わりに店番をしているとのことだった。レイニーと名乗る彼女は、ミネソタのリーチレイクにあるインディアン・リザヴェイションの出身で、自分も木彫のアーティストなのだと語った。以前はエアブラシの作品づくりもやっていて、革製品や車にもデザインを施していた。離婚後にアラスカに来て、木彫を本格的にはじめたという。

そして、話題はサケのことにおよんだ。彼女は昨日釣りに行って、大量のサケを釣り上げた。知り合いの家族にもふるまって、それでもあまったものはすぐに瓶詰めにしたという。サケは今回の旅で僕らが見たかったもののひとつだった。アラスカは、キングサーモンなどの大型のサケ釣りで有名な場所だ。釣りをする時間はないが、遡上の様子をひと目でも見たかった。いまの時期にサケを見ることができるスポットはあるのかと尋ねると、あるにはあるが、たくさん釣れる場所は秘密なので言いたくない、と女性は冗談めかして笑った。地元に長年住んでいる人しか知らないポイントがあるらしかった。それでも、興奮した表情でサケの様子を聞きたがる僕らに、「瓶詰めにしたものを食べてみるか?」と彼女は尋ねた。僕らは遠慮がちに、しかし、断固たる態度でイエスと答えた。

レイニーさんは、奥から瓶をいくつか持ってきて、なにもせずにそのまま瓶詰めにしたものと、ハラペーニョにつけたものとの両方をあけて食べさせてくれた。

圧倒的にうまかった。適度に脂がのって引き締まったサケの身の濃厚な味が鼻腔内を駆けあがってきて、しかし嫌な臭みは一切ないままに、食道から胃へと落ちていった。

「うまい、うまい!」と僕らが騒ぎたてると、レイニーさんはケラケラと気持ちよさそうに笑い、「そうでしょ? おいしいでしょ」と言った。

僕らは何度も礼を言い、店内でいくつかの品を購入し、外に出た。風は冷たく、夜はまた一層冷え込みそうだった。まだ真冬ではないから、濃厚なオーロラが見えるかどうか疑わしかったが、今晩は試してみたかった。そのためには防寒対策をなんとかしなくてはいけない。手持ちの服だけではどれだけ重ね着してもダメだろう。僕らは相談して、近くのショッピングモールにあったリサイクルショップに向かった。安い中古の服が大量におかれていて、そこならお金をかけずに上着を購入できそうだった。

さんざん店内を見てまわったあげく、僕らはそれぞれ一二ドルくらいの分厚いジャケットを購入した。お互いに仕事をしながらそれぞれに個別のプロジェクトを複数抱えて生きているのだから、仕方がないといえば仕方がない。けれど、僕らの旅はいつだって準備不足だ。たかが一二ドルとはいえ、なぜ旅先まで来て、とくに買いたかったわけでもない服にお金をかけなくてはいけないのか、自分に腹がたったりもしたが、外に出て上着を羽織ると格段に暖かいので、今度は自分らの滑稽さに笑みがこぼれた。

夕飯に鹿肉とエルクのミートローフを食し、腹ごしらえを終えたあと、僕らは一二時頃に車を出し、オーロラの見えそうなスポットを探した。昼間のレストランで教えられたアドヴァイスどおり、三号線を西に向かい、ひらけた平地を探した。しばらく行ったところで、マコトが直感を働かせ、「このあたりを上がっていってみよう」と言うので、本線をはずれ、その道を奥へと進むと、真っ暗な山道をずっと上がってゆくことになった。道は舗装されておらず、荒い砂利道がつづき、一番安いコンパクトカーしか借りられなかった僕らは心細かったが、ここまできたら上がりきるしかない。さらに奥へと進むと、しばらくして視界がひらけ、大きな広場のようなスペースがあった。

僕らは車を停め、ライトを消し、エンジンを切って外に出た。周りにはひと気がなく、明かりも一切なかった。ひとりでは絶対にたどり着けなかっただろうな――僕はそう思った。空を見上げてしばらくすると、いきなり白い塊のようなものが眼に飛び込んできた。最初は雲だと思った。そもそも、見上げてすぐにオーロラが見えるわけがないと思ったのだ。そんなうまい話があるはずがない、と。しかし、またたく間にその塊はかたちを変え、うねり、ねじれ、身をくねらせるようにしてうごいた。細くなったり、太くなったり、薄くなったり、濃くなったりした。竜のようなかたち、イルカのようなかたち、帯のようなかたちをとり、やがてシミのように拡散した。

「すげーな」

僕らは何度もため息をもらした。語るべき言葉を持たなかった。

三度ほど、近くの道を車が通り、静寂をやぶっていった。しかし、通り過ぎると、ふたたび闇が深まり、静けさが戻った。白く薄い不定形なそれは、めまぐるしく変化し、霊魂のようなイメージにうつった。なにか意味ありげなメッセージを発することなく、それは、ただ、そこにたたずんでいた。薄明の糸や帯や綿の戯れは、安直な意味づけを拒んでいるようにも見えた。

しびれるような寒さをひととき忘れ、一時間くらいそうやって眺めていただろうか。次第に雲が多くなり、雨が降りはじめた。売られている写真集で見るような派手さはなかったが、たしかにオーロラだった。それを眼にする機会があったことに感謝しつつ、僕らはその場をあとにした。静かな昂揚がいつまでも身体に残った。

翌朝、僕らはふたたび寒さのなかで遅い時間に目覚め、朝昼兼用の食事をとりに外に出た。トナカイのソーセージとカリブーのサンドイッチ。朝から食べるには少し重たいが、うまかった。食べおわって店員に話を聞くと、いまの季節なら北上するダルトン・ハイウェイよりも、東に行く道のほうがみごとだという。それで僕らは、《サークル・ホット・スプリングス》を目指すことにした。温泉としては、比較的新しい《チナ・ホット・スプリングス》のほうが有名らしく、いろいろな人からすすめられた。しかし、聞けば聞くほど、そこは温泉リゾートのような印象が強く、できればそうではない場所に行きたかった。

僕らはフェアバンクスの町を出て、東に向かった。途中から舗装された道が終わり、泥だらけの場所や砂利の多いポイントにさしかかった。高低差も激しく、高い山に駆けあがったかと思うと、次の瞬間には谷間にある川辺を走っていた。ツンドラの色彩のなかを抜け、乾いた冷たい空気を浴び、時折小さな川の水に手をつけ、三時間以上かけてようやくサークル・ホット・スプリングスの少し手前までたどり着く。角にあるレストランでコーヒーをたのみ、ひと息いれた。なかにはほとんど客がいないが、カウンターで男がひとり、酒を飲んでいた。マコトの持っていたカメラを見て、「いいカメラだな」と話しかけてくる。酔った男の話は止まらなかった。

「俺はな、ヴェトナムに三度参戦したんだ。スナイパーだったんだよ。戦争から帰ってきて、そのあとは世界を見てまわった。それでな、昔はスナイパーだったから、いまでも弾丸がよく飛ぶように自分でデザインしたりしてんだ。このあたりじゃ、自分の家の敷地に入ってきたものはなんでも撃っていいんだ。そして、食べることもできる。これまでにな、三回結婚して、いずれも離婚した。愛した女たちだが、俺に指図するようになったら別れるしかねえ。ああ、そういや、アリゾナの鉄道会社で働いていたこともあるな。ゴールド・マイニング（金の採掘）もやったな。カナダっちゅうのはクソみたいなとこだけど、ニューヨークはもっとクソみたいな場所だ。なに？　おまえ、ニューヨークから来たのか。とんでもねえ場所から来やがったな。おまえ、自分のやりたいことがわからねえとか言ってたな。いったいいくつだい？　え？　四〇か。もう四〇にもなんのに、自分のやりてえこともわからねえのか。しょうがねえな。リーガルパッドに、自分の好きなものと嫌いなものを書いてリストアップしてみな。五ページくらい書きだしたら、自分の傾向が見えるはずだから。ちゃんと自分の世界をつくって、それを愛することだな」

店に立ち寄った若いカップルが眼の片隅に入った。僕らが男の話に真剣に耳を傾けているところを見て、鼻で笑うような表情を浮かべ、僕らに哀れみとも蔑《さげす》みともつかない視線を送ってきた。

まとまりがつかず、右に左にと蛇行をくりかえし、論理が途切れ、フレーズがちぎれてゆくので、こんなふうに男の話をまとめてみたところで、なにかが決定的に失われている。だけど、酔ったおぼろな眼で、しかし時折なにかを射抜くような表情をにじませ、男は、生の急所をおさえ、生きてゆくうえでの的確な指摘をやってのけた。正しいか正しくないか、ではない。間違いはたくさんある。過度の一般化があり、偏見があり、思い込みがあった。しかし、それがすべて自らの生存と直結していた。

酒が本格的に身体にまわりはじめたのか、男はやがて声が大きくなり、表現が過剰になり、眼の色は赤黒くなっていった。そろそろ行かなくてはと僕らが立ちあがろうとすると、「帰り際にウチによりなさい。庭を横切った動物を撃てば食えるから、それを肴に酒を飲もうじゃないか」と口にした。本気なのかからかっているのかはわからなかったが、男の顔に笑みはなかった。男がライフルをかまえ、身をひそめてうごくものを撃つ様子を想像した。訪ねていったところを、誤って撃たれることも想像した。酒を片手に男の話に耳を傾けるのは魅力的ではあった。しかし、帰り道を考えると先を急がなくてはならなかった。

僕らは店を出て、一本道をさらに先へと進んだ。ひと気はなく、すれ違う車もなかった。しばらくして右手に建物が見えてくる。周囲にはなにもない。ただうっすらとひろがる森のなかに、脈絡なく人工物が投げおかれたかのようだった。

「これか？　これがサークル・ホット・スプリングスか？」

「そうちゃう？　ここしかないもんな」

僕らは車をその建物群のほうへと進めた。しかし、近づいた僕らは、一瞬、ぎょっとした。建物はすべて朽ちて、さびつき、人の気配が失われているのだ。

「廃墟になっとるやん」

マコトが小さな声でつぶやいた。

窓ガラスは割れ、入り口の木製のドアや手すりは腐り、駐車スペースは雑草が伸び放題に伸びていた。幾台かの投棄されたらしい車がたたずんでいた。窓の向こうにかかったカーテンは健在で、それがかえって不気味さを増していた。先ほどから降りはじめた雨がにわかに強まった。僕らが車を停めようとすると、しかし、もう一台停められたピックアップトラックの荷台から、何匹もの犬がこちらに向かって吠えたてた。車から降りると、さらに威嚇が強まった。かつて人がつどった、その痕跡が消えてゆこうとする場所に、あきらかに僕ら以外の人間が訪れていることを告げていた。

誰だろうか――。

そんなことを思った。しばらく周囲をウロウロしてみたが、犬の鳴き声はつづくのに、誰かが出てくる気配はない。しかし、建物の奥のスペースに、スイミングプールのようなものが見え隠れし、そこから湯気が立っているのが眼に飛び込んできた。近づくと、男がひとり、泳いでいた。湯気はプールの水面からのものだった。僕らは相手をなるべく警戒させないように気をつけ、彼の視界に自分たちの姿が入るようにしてからプールサイドに近づいた。ボロボロに崩れ落ちたシャワールームらしき小屋が裏にあり、手前には苔むしたプールがあった。だが、そこに注がれつづけているお湯は、意外にも透きとおって見えた。微弱だが確実に硫黄の匂いが漂っていた。男は僕らがプールサイドに入ってきてもまったく気にすることなく、先ほどからずっとお湯のなかでせっせと泳いでいた。幾度も幾度も行ったり来たり、プールのなかを往復していた。かなりの距離を泳いでいるようだった。

地元の人間らしき男が、せっせと泳いでいるということだけで、廃墟の不気味さはいくらかやわらいだが、それでもなにかとんでもない場所に来てしまったような感触があった。正直、早いうちにその場から立ち去りたかった。

「せっかくやから、入ってこうぜ」

　とマコトが言った。

　一瞬のためらいがあった。お世辞にもきれいとは言いがたい。しかし、男が泳いでいるのだから大丈夫だろうと結論した。それに、こんな場所に来るチャンスはそうはない。加えて、僕らは寒さに気持ちを挫かれ、アンカレッジを発って以来、一度も風呂に入っていなかった。形状はプールだが、実質は温泉であることを考えると、この湯に浸かるのは魅力的だった。僕らはタオルと着替えを取りにいき、水着になって、そのままプールに浸かった。ぴりぴりとした感触のあとに、極楽がひろがった。

　しばらくすると、男がプールからあがり、着替えて帰っていこうとした。初老の域に入ろうかという見かけだったが、筋肉質でしぼれた身体をしていた。話を聞くと、近くに住んでいて、週に二、三回はこうして泳ぎにきているという。そして、かなりまえにホテルがつぶれてしまってからは誰も管理する人がおらず、建物はすでに直しようがないほど荒《すさ》んでしまったこと、それでも二週間に一度は湯が取り替えられていること、つい先週も湯を取り替えたばかりであることなどを教えてくれた。

　男はそれだけ言うと、そのまま立ち去った。しばらくしてエンジンをかける音が聞こえ、それが遠のいた。犬の鳴き声もなくなり、静寂が深まった。湯に浸かったまま空を見上げると、すでに紅葉をはじめようかという木々が廃れた建物とあいまって、枯れてゆくものの哲学を、押しつけることなく静かに奏でているように見えた。雨が静かに降りつづいていた。マコトは湯のなかを泳ぎまわり、幾度かプールサイドから飛び込んでみせた。僕は苔むしたプールの底が足裏にまとわりつき、ぬめるのを確かめながら、湯の代えがたい悦楽を味わった。プールに注がれるお湯だけが、ゆらゆらと湯気をあげ、生きているように見えた。

極上の時間のあと、サークル・ホット・スプリングスから引き返す途中、ガソリンを入れようと、個人で経営しているらしきガスステーションに立ち寄った。看板を見るかぎり、ガソリンだけでなく軽油なども販売しているようだった。なかで料金を支払うとき、自宅のような店内に入ると、オーナーの男性のほかに、部屋のうしろでテレビを見ている中年女性がいた。オーナーは、一九六八年からこの場所にいるという。給油してくれた年若い青年は、オーナーの息子なのかと思ったがそうではなく、この町に生まれ育ってここで働いているという。二人で交互に話を聞かせてくれる。

「この店はね、ここらあたりの燃料ステーションになってるから、一年中オープンしてるんだ。でも、年間を通じて、ずっとここにいる人は少ないね。冬になると、アンカレッジなどの都市部に働きにでるか、アリゾナあたりに働きにいく人が多い。金《きん》の採掘で儲けようとやってきた人がいまでもこのあたりにいる。それでも、三、四人くらいだろうかね。ここに来る途中、道路脇で土を掘り起こしてるところがあったろ。あれが採金だよ。かつてはかなりの数の人がゴールドを求めて訪れてたんだけどね。

「以前はいまみたいに道が整備されてなかった。道がなかった頃は、飛行機でここまで物資を運んでたんだ。一回に四、五〇ドルくらいかかってたね。当時としては高価だったから、できるだけ不要な行き来は避けた。九月になるとフェアバンクスまで買いだしにいって、冬に備えたもんだ。それで、冬のあいだは外に出ない生活がつづいた。冬の気温は、華氏マイナス七〇〜九〇度（摂氏マイナス五六〜六七度）にまで下がる。雪はそれほど降らないんだが、とにかく寒い。凍結してエンジンがかからなくなる。だからプラグで電源をとって、それでエンジンをスタートさせるんだ」

僕らが先ほど浸かってきた温泉について口にすると、二人は一瞬口を閉ざし、顔を見合わせた。

「あの温泉は一二年前に閉鎖されてしまったんだ。お湯は出てるんだけど、あまりきれいじゃないから、入らないほうがいい。なんかね、人が訪れて身体を洗ったり、いろいろやってるんでね」

彼らはそう言って、言葉を濁した。僕らは、それについてはあまり深く考えないことにした。

「それから、冬は日照時間が少ない。ほとんどずっと夜だ。逆に、陽が沈まない時期もある。東から西へと太陽が地平線近くを移動する。オーロラもこのあたりだと、日常的に見える。

ふと気づくと空にオーロラがひろがってるんだ。陽が沈まない日常がどんなものかって？　そうだな。あまり意識しなくなるもんだよ。でも、オーロラの美しさはみごとだね」

　話を聞けば聞くほど、アラスカを冬に訪れてみたいという気持ちが強くなっていた。僕らはお礼を言って店をあとにし、フェアバンクスの寒い小屋まで戻った。雨なので、オーロラは期待できそうになかった。あまりにも寒いので、マコトと二人で精いっぱいの恨み言を口にし、そのまま眠りについた。


　翌朝、僕らは《ベースキャンプ》のチェックアウトをすませた。スヴェンは快活でさわやかで自由気ままに見える若い青年だった。スイスに生まれ育ったが、その後アラスカに魅了され住み着いたという。夏のあいだはこのベースキャンプを、冬には犬ぞりのガイドなどをしているとのことだった。寒い小屋の片隅でぶるぶる震えながら、さんざんこの施設の悪口を言っていたが、当然悪いのはスヴェンではなく、ひ弱なくせに備えを怠った僕らだった。よく見れば、施設も綺麗に管理され、手入れが行き届いていると言えなくもなかった。

　そのまま車で《サムのサワードウ・カフェ》に立ち寄り、朝食にサワードウ・パンケーキとコーヒーを食す。サワードウは、醱酵させた酸味のあるパン生地のことで、アラスカに来てからレストランで頻繁に眼にした。なぜだろうと疑問に思っていたところ、のちに訪れた別の店で説明を読んで納得がいった。ゴールドラッシュ時に金鉱を訪れた労働者たちが食べていたのがこのサワードウで、屋外を長期にわたって移動して西部にたどり着く彼らにとって、イーストは高価で繊細で扱いづらかった。そこで、ジャガイモと小麦粉と水とを室温で醗酵させればつくることのできるサワードウが好まれた。サンフランシスコをはじめとする西海岸からアラスカにかけての地域にこの生地がひろまったため、「サワードウ」という単語には、いまでも「開拓者・探鉱者」の意味がある。

僕らは酸味のきいたパンケーキにたっぷりとメイプルシロップをかけて堪能したあと、近くにあるアラスカ大学フェアバンクス校の博物館に立ち寄った。美しい設備で、展示内容も見ごたえ十分だった。何時間でも過ごせそうだった。とくに、アラスカの歴史、日本との交流史、ロシアやアメリカ、先住民とのかかわりについては、内容の濃い展示がなされている。クジラ漁についても、記録映像が流されていた。一階の大きな展示室の外にある通路では、アラスカの熊や森を捉えたみごとな写真が何枚も展示されていた。近づくとそれは、一九歳のときにアラスカという土地に惚れ込み、その場所の持つ力をそぎ落とされた強靭な美文と写真とで残し伝えようとした星野道夫の作品だということがわかった。妻の星野直子さんによって寄贈されたことを、横におかれたパネルが伝えていた。

すでにファンの多い星野道夫の文章の魅力を、いまさらここで主張しようとは思わない。でも、現代社会の抱える生存の傲慢さのうちにある、「弱さ」や「儚《はかな》さ」、「脆《もろ》さ」、「危うさ」を射抜き、同時にそれをもやわらかくしなやかに捉えようとする彼の言葉は、もっと深く受けとめられてよいように思う。たとえば、彼が友人の死について触れたいくつかの文章、その言葉のトーン。一切のエゴが剝落してゆき、それでもそのあとに残る個への愛着が、あらゆる生命のリズムへの謙虚さとともに描かれる。心の奥が泣き叫びそうになりながら、ふと訪れる平穏な心持ちが、隠すことなく語られる。一九九六年、繊細さと強靭さを幾度も往復しつつ、自分をも含めた世界に、ていねいに確実に触れようと試みつづけた星野道夫は、テレビ取材で訪れていたロシアのカムチャツカ半島で熊に襲われて亡くなった。四三歳だったという。

僕らはアラスカ大学のキャンパスをあとにし、車でフェアバンクスを抜け、タルキートナを目指して南下した。幾度か壮大な絶景に出くわした。なにもかもが、ここでは規模が違うように感じられた。眼の前にひろがる小さな湖に、遠くの先鋭な雪山の姿が垂れて映り込み、一段と輝きを放っていた。しかし、それは人工物の放つ勝利主義に満ちた輝きではない。また、熱帯に見られるような放埒でしたたかな輝きでもない。冷たさと乾燥によって叩かれ鍛え抜かれ、晩年を意識せざるをえないなかで熟成を通り越して老成し、氷点下のなかで凍結し、蚊の群棲のなかで雪解けし、山川のリズム、草木の匂い、鳥獣の叫び、虫魚の愛撫のなかで、地の底からものごとを識る謙虚さを身につけた——そういう種類の《輝き》であって、それは辛辣をきわめていた。ひろがる光景は美しかった。ただ、それを「美しい」と書いたら敗北は決定的だった。見入れば魅入られて、ねじ伏せられ、吸い込まれてゆきそうだった。

正直に書こう。僕は怖かった。景色に見とれながら、心の底はわなわなと震え、怯えていた。止めようがなかった。いつもの癖だった。ひとつの光景の断片、そのきれはしから、想念が身体に這《は》入《い》り込み、とりつき、縦横無尽に尖った妄想をひきころがしてまわった。

身の周りで幾人かが若くして死んでいった。志なかばで倒れてゆく友人や仲間を見るのは悔しく、何度も苛立った。世の中を呪った。世界を敵にまわした気分でいた。そのくせ敵の強大さに尻込みし、カタカタと瘦せた肉体を震わせ、心のうちで情けなくも泣き叫んでいた——いつか、みてろよ、いつか、と。友人たちの仇をうちたかったのかもしれない。いつの頃からか、しかし、死と溶けあうようにして生命存在を想い描くようになった。「死とともにある」「死は生の対極ではない」「メメント・モリ」、哲学的で警句めいた言葉の数々には枚挙にいとまがない。だから、頭ではわかっていた。言葉だけは知っていた。しかし、現在のように言葉が産業化し、死の痛みや苦しみのような固有で一回性の現象すら一般化され、平均化され、情報化され、アーカイヴ化されてゆく流れのなかにあって、そのことの意味を身体で深く識るようになったのは、ごく最近のことだと思う。死者たちを生者から鋭く容赦なく差別するのは、やはり、生者なのだということを。喪服に身をつつみ、塩をまき、線香をたき、だけど、本来の供養の儀式は、人間の劣化した五感では捉えられない霊魂を想像し、その想像力を、世代を超えて継承するためのものだったのではなかったか。それが継承されなくなったとき、生者の傲慢さに歯止めがなくなり、暴走し、生者は聖者であり正者であると致命的な錯誤を犯し、自らを滅ぼすことになると見抜いていた先人たちの心ある智恵だったのではないか。

死者を生者から差別化しようとする儀式は、さまざまな文化圏にある。そして、死／生の捉え方が一様ではないことを人類学の蓄積は告げている。でも、狂ったように死やその悲しみをタブー視することと、直接かかわりなく見えるがゆえに対象化された他者の死とその痛苦とを戯れに陳列することとが同居する社会は、どこかいびつで深い《病み／闇》を抱えているように思えてならない。デナリ国立公園を通り越し、タルキートナに車を走らせながら、紅葉しはじめたツンドラを眺め、流れてゆく川を眼で追ううちに、固くなった妄想は溶けだしていった。


タルキートナの宿は、これまでのようなキャビンではなく、ちゃんとした暖房設備のある家の部屋なので、これまでに比べるとかなり暖かく快適だった。やっと熱いシャワーを浴びることができ、僕らは幾分ほっとした。加えて、宿を管理しているコリーンの配慮が行き届いている。彼女はサンディエゴ出身で、高校のときに三週間ほど福岡に滞在したことがあると語った。アラスカに来てこの場所に惚れ込み暮らすことになったが、このホステルを管理する仕事は今年が一年目だという。

「まだ、いろいろとわからないことだらけで。でも、手探りで楽しんでるところ」

と彼女はすてきな笑顔を深めて言った。

翌朝、僕らはチェックアウトをすませ、ホステルの手伝いにきていた別の女性におすすめされた《ロードハウス》という店に朝食をとりにいった。満員の店内で、トナカイと野菜のスープ、サーモン・サンドイッチ、サワードウ・パンケーキ、コーヒーを食した。ふと気づくと、にぎわう店の壁に大きなポスターが貼られていて、そこになにか日本語が書き込まれている。眼を凝らすと、登山家の植村直己の二度目の捜索隊のポスターだった。ポスターによれば、捜索は一九八四年四月一六日から五月二二日までおこなわれている。連絡が途絶えて約二ヶ月後だ。

ポスターについて客から頻繁に質問が寄せられるようで、テーブルに載せられた小さな置物に、店の用意した人物説明があった。要約すると以下のようになる。

〈一九四一年生まれ。一九七〇年、世界初のマッキンリー単独登頂に成功。その後、グリーンランドからアラスカまで、三年間の単独犬ぞり探検。一九八四年二月一二日、マッキンリーの山頂に到着。同一三日、ラジオ交信を最後に消息を絶った。すぐれた登山家であり冒険家であると同時に、他者を気遣う、控えめで心やさしい男だった〉

享年四三歳。奇しくも、星野道夫の亡くなった年齢と同じだった。

僕らは支払いをすませ、店の裏にある《サーモン・センター》まであるいた。教育研究センターも併設されていて、施設内にいた生物学者の女性が遡上するサケを見たいと語る僕らの質問に応じてくれる。女性は、思いつく人びとに次々に電話で尋ね、しばらくして言った。

「モンタナ・クリークに行くといい。あそこならサケが見られそうだから。ほかにもよい場所があるんだけど、ちょっと遠いからね」

僕らは礼を言ってタルキートナの町をあとにし、《モンタナ支流《クリーク》》に急いだ。地図で確認しながらハイウェイを飛ばし、それらしき場所で本線からはずれ、脇道を奥に進んだ。しばらく行くと、古い橋があり、その下を川が流れていた。

「おう、ここやな」

「そうだな」

僕らは橋の近くに車を停め、川のほとりまであるいた。釣り人が二人、竿を手にして川に入って移動していた。

「釣りしとるやん」

とマコトが言った。いよいよサケを見ることができるかと思うと、川に向かう足取りが速まった。すぐに、強烈な匂いが僕らの鼻腔をついた。魚の匂いかな、と一瞬思ったが、どうも違う。川の近くにたどり着いて、ようやくその正体がわかった。

川辺には、大量のサケの死骸があった。黒ずんで、灰色がかり、川底や川辺の石の色に同化しているので、眼を凝らさないとわからない。けれど、一度気がつくと、あたり一面にサケの死骸が横たわっていた。

死臭だったのだ。

僕はあまりの量の多さに一瞬たじろいだ。けれどすぐに今度は、死骸と同じくらいの数の生きたサケの姿が眼に飛び込んできた。彼らもすでに旅の終盤なのか、水の流れに逆らって駆けあがるというよりは、ただ、流されないようにその場にとどまりつづけるのが精いっぱいという様子で、水中を漂っていた。そして、すぐに僕らは、彼らが産卵を終え、その生涯に幕をおろそうとしているのだということを理解した。川辺の死体は、遡上の過程で傷ついた身体を横たえて眠りについたサケだったのだ。

「あんま、嫌な感じはせーへんな」

無言のままうつむく僕にマコトが言った。

「なんちゅうの。役目を終えて死んだんやしな。ああ、まっとうしたんやな、っちゅう感じやんな」

そのとおりだった。眼の前にひろがるのは、大きな仕事をやり遂げ、天命をまっとうし、次の世代にすべてを託した者たちの永眠の姿だった。志なかばの事故死でも病死でもなかった。他殺でも自殺でもなかった。熊に食われたのでも、人に釣りあげられたのでも、人間種の汚染によって死にゆくのでもなかった。しかし、死臭はいつまでたっても鼻腔内にとどまり、死の記憶をまさぐった——幼稚園のときに予知夢のなかでみた神父さんの、胴体を切断され、血を流しながら祈る姿、それから間もなくして母国で亡くなった彼の母親、小学生のときに海水浴場で眼にした水死体とその男の乗っていた舟、「寛が大きくなったら一緒に呑みにいくんだ」とはりきって語っていたという祖父、そのあとを追うようにして逝ったおおらかで気風のよい祖母、白血病で亡くなった中学の同級生、運動神経抜群で成績優秀だったのに精神を病み自ら死に突き進んだ小学校時代の友人、愛され慕われていたのに事件に巻き込まれ殺された大学時代の先生、おそらくはなんらかの疾患を抱え、多くを語らぬまま拘置所で首を吊った加害者、がさつでマスキュリンにふるまったが彼らなりのやり方で人を深く愛した伯父たち、海や風車や星の見える場所へ散歩に連れていってくれた祖父、晩年に二・二六事件の記憶を頻繁に語り、まどろみの時間を多く過ごした祖母、長期滞在したニューヨークのハーレムで出会った路上の智者たち、とくに全身全霊のホスピタリティを体現する生き様をみせてくれたのに胸の痛みをうったえながら路上でひとりさびしく倒れた最愛のブラザー……。

挙げていけばきりがないほど、一口に語ることのできない《死》が身近にあって、それは整理されて理解されることを拒み、記憶の膜を食い破り、認識を覆し、身体のうちを駆けまわった。それは「他人事」ですますことのできない《死》だった。それにもかかわらず僕は、死に向き合ってこなかった。むしろ、現実をあらんかぎりの力で否定したかった。「死んだ」と口にだすことで、死が現実になるのを恐れた。死んでほしくなんかない。生きていてほしかった。いや、現に生きていると思った。フィジカルな肉体はないけれど、なまなましく僕の身体のうちに生きつづけている。世界や世間や社会や周囲がおしつけてくる「死」を受け容れなければならない理由なんてないだろう、と言いたかった。全力で逃げたり抗《あらが》ったりして、彼らは生きているのだと言いつづけながら墓場に向かおうという気持ちすらあった。

しかし同時に、そのように強く拒むことで、《死》を語る言葉をうしなっていった。認めない以上語るべきでない、と考えたのかもしれない。悲しむこともできなかった。涙をながすこともできなかった。泣いたら、認めたことになる気がした。死に関するどんな格言や名言も、どんな哲学や思想も、陳腐に見えた。等身大の言葉でわかりたいと思ったのだ。なぜ彼らが死ななければならなかったのかを。死ぬこと、生きることにどんな意味があったのかを。そして理解したかった。「病」や「事件」と呼ばれる現象を通じて個人の肉体におとずれる死に、社会的な暴力がどう絡んでいるのかを。時折、わけもわからず闇のうちに引きずり込まれ、嘔吐感や死への衝動がおとずれたが、それを抑え込み、飼い慣らし、自身の探究や活動の力に変えようとした。

「今日もオーロラ見えるんちゃう?」

マコトの言葉で我にかえり、僕らは車に戻ることにした。

匂いの感触だけが、いつまでも残った。旅の醍醐味は、しかし、この匂いだった。いまほどの情報過多の時代にあっても、匂いだけはその場に行かないとわからない。フィジカルな匂いだけではなく、おそらく雰囲気や波長や音や気配をも含んだ《匂い》を捉えたくて、僕らは旅に出るのかもしれなかった。そして、匂いが瞬時に呼び起こす記憶に出会いなおしたくて、時に過酷さをともなうフィールドや現場に幾度も戻ろうとするのかもしれなかった。

アンカレッジまで戻って初日に滞在したB&Bにふたたび一泊すると、翌朝、オーナーと話し込むことになった。穏やかな物腰のご主人で、高齢のようだが実年齢よりも若々しくうつった。妻が先住民のリザヴェイションに通って医療ケアの仕事をしているとのことで、それもあってアラスカ先住民の事情に詳しかった。

「かつては僕もパイプラインの仕事をしてたんだ。それでダルトン・ハイウェイ沿いのキャンプに住み込んで仕事してた。熊が何度もキャンプに顔をだして大変だったね。ニューヨークに三年間住んで、演技の勉強をしてたこともあるんだよ。俳優のロバート・デュバルとルームメイトだったこともある。もともとフェアバンクスの生まれで、あそこで俳優の仕事もしたんだけど、カネにならず途中でやめてしまった。それでも楽しんだからそれでよかったんだ。ニューヨークにも三年しかいなかったけど、人生のうちの最高の期間と言ってもいいくらいに楽しんだ。カネにならなくても楽しければいいんだ。朝鮮戦争のときに徴兵されて、それでフェアバンクスの基地に戻ってきたんだけど、最終的には戦地には行かずにすんだね。実家に戻れて、家族にも会え、そのうえ戦争に行かずに退役軍人の手当てがもらえるんだから、幸運だったと言うほかない。

「先住民とアメリカとの関係は本当にひどいね。本土とはまた少し違う事情がアラスカにはある。アラスカが州になったとき、先住民たちが自治権を主張して会社のようになったんだ。うまく機能しないだろうと思われていたけど、いくつかのリザヴェイションを除くと、予想以上にうまくいってる。先住民は当初、イギリス軍側について独立戦争を戦ったから、アメリカが独立を勝ち取ったということは、自分たちが負けたということになる。それでも、アメリカは彼らにお金を出して、土地も与えたんだ。けど、いままたアラスカ内の領土と自治権を主張している。もちろん、彼らを責めてるわけじゃない。これまではアラスカには大規模なカジノがなかったけれど、今後どうなるかわからないね」

オーナーは困ったような表情を浮かべて語りおえた。どちらかの非難をするのでもなく、肩をもつのでもなく、淡々と複雑な事情を聞かせてくれたのだ。ダイニング・テーブルに置かれたアラスカ・ディスパッチャー紙が、トップ記事でアメリカン・インディアンが自分たちの領土と主権を要求していることを伝えていた。そして、僕らがアラスカをあとにした四日後の八月三〇日づけで、植村直己も登頂したあの「マッキンリー山」が「デナリ山」に名称変更された。「偉大なもの」を意味する先住民の言葉《デナリ》を、その土地に敬意を表してそのまま採用した、というのが公式見解のようだった。第二五代大統領ウィリアム・マッキンリーの名から取って一方的にあてがわれた名称を、地元の先住民たちの主張で変更するのはあたりまえといえばあたりまえかもしれない。だが、ひとつの名称に定めるまでのプロセス、その政治的駆け引きを想像すると、事態はそれほど単純ではないようにも思えた。最後にオーナーは、部屋においてある数箱分の段ボールを指しながら、いま家族史を書こうとして大量の資料と格闘しているのだと聞かせてくれた。

「自分だけでも八〇年を超える歴史だからね。大変だよ」

まだまだオーナーの話を聞いていたい気持ちだったが、僕らは礼を言って彼の家をあとにし、海岸まで車を走らせた。最後に海が見たかった。空は晴れわたり、にわかに視界がひらけた。到着すると、穏やかな海景がひろがっていた。波がたっているのもわからないくらいだった。マコトが写真を撮ってまわっているあいだ、僕は海を眺めた。そして、ふたたび死について考えた。最初から最後まで《死》というテーマがつきまとう旅だった。偶然なのか、自らの年齢と体調の変化のせいなのか、精神状態の反映なのか、体感した寒さが原因なのか、容赦ない大自然の存在がそうさせたのか、あるいはそのすべてなのか、よくわからなかった。

しかし、――。

死と生とが相反する二項なのではなく、両者が溶けあうようにして混然一体となってはじめて意味を持つということ、死について考えることが生について考えることであり、生死の境界を恣意的に鋭く設け、場合によっては死をタブー視する文化圏ではとくに、死を意識してはじめて生の豊かさを味わえるということ、サケの大量の亡骸がそのまま腐乱し養分となり次の世代の稚魚やその他の生命活動に寄与するのと同様に、人もまた次の代になにかを残すのだということ、しかしそれと同時に、人間は環境汚染も含めて多くの「負の遺産」をも残さざるをえないということ、そしてそれがゆえに、「死者とともに生きる」ということが単なる美しい観念としてではなく、現実のなかで起こることなのだということ——よく考えるまでもなくあたりまえなそんなことが、抑圧のうえに成り立つ都市の快適さで鈍化した意識にも、あからさまに飛び込んでくる。ここはそういう場所なのかもしれなかった。

そしてふたたび自殺について考えた。もうかれこれ二〇年以上、自殺について考えている。放っておいても人は死ぬのに、なぜ積極的に人は死のうとするのか、と。自殺もまた、単純な一般化を拒む、複雑な事象には違いない。でも、死にたいと願う心持ち、死への抗いがたい衝動は、当人の力だけではどうにもならないのかもしれなかった。またそれは、生の拒絶なのではなく、生きたいという望み、死にたくない、よりよく生きたい、もっと十全に生きたいと願う心持ちと分かちがたく結びついてあらわれ、その願いや衝動が強ければ強いほどに、振り子がかえって逆側にふれ、その糸がちぎれてしまったときに起こることなのではないか、と思った。そう思わないと、残された家族や親友や恋人はやってられない、という気もした。

マコトが近づいてきて僕に言った。

「いま、ぬいぐるみを抱えた中年のおっちゃんが、めっちゃ悲しそうな顔つきで海を見とった。なんかあったんかな。ぬいぐるみに海を見せてるような感じやった」

近くにいたはずなのに、僕の視界に男の姿は入ってこなかった。

しばらくして僕が口をひらいた。

「また来たいな」

「おお、せやな。今度は冬やな」

少なからぬ人びとが、容赦ない寒さを見せつけるこの土地にほとんど宿命的に惚れ込み、住み着いてきた。少しだけわかる気がした。

海は、静かなままだった。

氷河のある風景。

ラフトを盗まれたカップルとその友人に遭遇した川。

《ルース・ムース・カフェ》のトナカイのソーセージを使ったホットドッグとカリブーの挽肉のサンドイッチ。

《ソーピー・スミス》で食べたサーモン・バーガーとクラブ・ケーキ・サンドイッチ。

レイニーさんが出してくれたサケの瓶詰め。

フェアバンクスでたまたま立ち寄ったクラフト・ショップ。店構えがイイ。

廃墟になっていた《サークル・ホット・スプリングス》。雨のなか、湯気だけがなまなましくたちのぼる。

フェアバンクスにあった鉄屋さん。店構えに惚れる。

環境保全を訴えるサインだと思われる。別の場所には、「雨水が直接川に流れていくからゴミを路上に捨てるな」という主旨のサインがあった。

フェアバンクスからタルキートナに向かう途中の絶景。

ネナナという小さな町にあった雑貨屋内で見かけた銃。

植村直己探索隊のポスター。参加した人の名前や日付が書かれている。

タルキートナで泊まった宿。ホスピタリティにあふれていた。

町中で見かけたダム建設反対のポスター。

《ロードハウス》で見かけた張り紙。車とムースとの衝突事故の深刻さを伝えている。

銃痕が残るストップサイン。すぐ隣にはバルディーズからプルードウ・ベイまでを結ぶ石油パイプラインが走る。

大きな仕事を終えたサケたちのいる支流。

タルキートナからアンカレッジに向かう道のりから見えた絶景。湖に空が映り込む。

1964年のアラスカ地震の様子を伝えた新聞と写真。アンカレッジの宿主が見せてくれた。

《グレイシアー・ブルーハウス（氷河ビール醸造所レストラン）》のオヒョウのグリル。

《パンプ・ハウス・レストラン》でのレッドディア（アカシカ）のステーキ。

アンカレッジ、街の様子。

デンヴァー
Denver
コロラド州
State of Colorado
コロラドスプリングズ
Colorado Springs
25
タオス・プエブロ
Taos Pueblo
サン・イルデフォンソ・プエブロ
San Ildefonso Pueblo
サンタフェ
Santa Fe
ケワ・プエブロ
Kewa Pueblo
アルバカーキ
Albuquerque
ニューメキシコ州
State of New Mexico

4
移動祝祭と大統領選挙
A Movable Feast and Presidential Election

ニューメキシコ州ケワ〜タオス〜コロラド州デンヴァー、2016年再訪のきっかけは一本の電話だった。

約四年前のニューメキシコでチャンプ一家と出会い、お世話になったことはすでに書いたが、彼の妻ティナからマコトの携帯に電話が入ったのだ。これまでも何度か電話を通じてのやり取りはあった。けれども、たいてい僕らから連絡をつけていたし、ここしばらくはそれもほとんどなくなっていた。そこに突然、ティナからの電話があった。

電話を受けたマコトは、最初はなにかあったのかと思ったという。しかし、話していてもとくになにかがあったというわけではなさそうだった。ティナも元気そうだったし、チャンプも娘のディージャも元気だと言った。心配すべきことが語られることはなかった。

けれども、語られなかったということはなにもなかったということを意味しない。今回の旅先は別の場所を考えていたが、まだ確定する前だったこともあって、僕らはニューメキシコへの再訪を決めた。チャンプの心身があまりよい状態にないことは以前の訪問時から知っていた。このタイミングでの電話は、偶然かもしれないが、なにかのサインかもしれない。

なにもないにこしたことはない。けれど、ひとまず顔を見にいこう。そう考えたのだ。ただ、前回とは季節が違っていた。夏ではなく一一月の初旬だった。そして、大統領選のさなかだった。

一一月二日（水）晴れ、暖かい一日

大学の学期中にある学園祭期間の休みを利用しての旅ということもあって、国外に出るという実感のないままテイクオフを迎えた。テキサス州ダラスを経由し、現地時間のお昼前にはアルバカーキの空港に到着し、マコトもニューヨークから定刻どおりにやってきた。二人でコーヒーを飲みながらこれから一週間の大まかなプラン――といっても、その後何度もこの「プラン」は変更され、しまいには消えてなくなるのだが――のようなものを話し、案内所でロードマップを手に入れ、ティナに電話をかけた。今日は村で祭りをやっているからおいで、とティナが言うので、そのままケワ（サントドミンゴ・プエブロ）の村に向かう。

村に到着し、携帯の電波の届くところを見つけて電話すると、四年前と同じ微笑みを浮かべながらティナが村の教会まで迎えにきてくれ、再会を喜んだ。いまやっている祭りではチャンプもうたうし、踊っている人もいるからと言い、ティナは村の奥まで車を走らせた。

この祭りは感謝祭のようなもので、しかし毎年やっているわけでも、一般公開しているわけでもない――ティナはそう教えてくれた。僕らが着く頃には祭りは終わりかけていて、子どもたちの踊りを遠くからほんの少し見られただけだった。それでも派手な衣装をまとった村人たちの様子を眼にできた。

「チャンプも朝から参加して歌をうたっていたの。その歌に合わせて村の子どもたちが踊ったのよ」、ティナが言った。

祭りは終わってしまったけれど、そのあとチャンプの母の家に招かれ、そこでチャンプを待つことになった。待つあいだにチャンプの娘、ディージャと再会を果たした。ディージャは三ヶ月間のウェストヴァージニアでの滞在をちょうど終えて、恋人とともに実家に戻ってきていた。

「どこで知り合ったん?」とマコトが尋ねた。

「インターネットよ」、ディージャはなんでもないふうに言った。

「……」

この種のことに関しては完全保守派のマコトと僕が顔を見合わせた。「え?」というセリフを書き込めそうな表情を浮かべていると、その「カレシ」が躊躇することなく(するわけがない)やってきた。どんな怪物があらわれるのかと思って身構えたが、小柄でおとなしそうな、しかし頭のよさそうな青年で、想い描いていたのとだいぶ違う(あたりまえだ)。

ノースカロライナで生まれ、家族とともにウェストヴァージニアに移り住んだという彼は、高校を卒業後に地元でディージャとともに仕事を探したが見つからないので、ニューメキシコで仕事を探すことにしたのだという。しばらくはチャンプの知り合いがオーナーを務める近くのガスステーションで働き、落ち着いたら就職活動するのだと、彼とディージャは交互に語った。

「めっちゃ、ええ奴やん」、しばらく話したあとにマコトが言った。この男のよさは、自分の偏見や間違いをすぐに認めて撤回するしなやかさにある。

「そうだな。しっかりしてるな」、僕は同意した。

白人に見えるけれど、じつは曾祖父がネイティヴ・アメリカンで、自分も八分の一はネイティヴ・アメリカンなのだ、と彼はあとから語った。

やがて祭りのために特別な衣装を身につけ、顔に赤いペイントを塗ったチャンプが姿をみせ、抱き合ってしばらくぶりの再会を喜んだ。そして、チャンプの昔からの親友であるトーマスと四人で村のなかを流れる川に行き、お清めの時間を過ごした。うたったり踊ったりというのは特別な力を招喚することで可能になるが、祭りのあとなどはそういう特別な力を返して身を清めたいのだ――チャンプはそう語り、川岸まで近づき、水を手にとり、顔のペイントを流し、手を洗った。

「みんな、特別な力を保持したがるけれど、俺はいつまでも持っていたくなんかない。この川《リオ・グランデ》――俺はチナ・リヴァーって呼んでるんだけど――は、わるいこともいいこともすべてを洗い流してくれる。だから、ここに来て身を清めるんだ。ここは昔からよく来た場所でね。なんか落ち着くんだ。すべてを流してくれる気がして。ひと気もなくて静かでリラックスできる。昔はよくここで酒も飲んだね。酔っぱらっていても、あそこにある大きな木が家に帰るときの目印になるしね」

チャンプはそう言って近くにあった大木を指さし、笑った。

それを聞いたトーマスが口をひらいた。

「かつてはさ、酒もタバコもなんでもやりたい放題だったけど、ある日目覚めてね、すべてやめることにした。いまはポッタリー（陶器）をつくってるんだ。いろんなデザインを取り入れて、モダンなものもつくってる。子どもをメディカルスクールに通わせてるから大変だよ」

二人は気心が知れた幼馴染みらしく、頻繁に冗談を口にし、そして四人で笑った。川が静かに流れてゆくそばで四人の声が途切れると、水の音と踏みしめる土の音だけが小さくはね、乾いた空気のなかに吸い込まれていった。

川辺をあとにし、かつて泊めてもらったチャンプの家に立ち寄ると、チャンプがいま開催中の祭りについて語ってくれた。

「祭りの期間中に、亡くなった先祖が戻ってくるので、お供えをしているんだ」

そして、お供えしてある油で揚げたチリペッパーと、グリーンコーンでつくったフライドブレッドを、「からいけど食べてみな」と言って僕らに手渡した。

「うわっ、からっ」、マコトが叫んだ。

おそるおそる僕も口に運んだ。噛むと辛辣が口内にひろがり、やがて喉を刺したが、なぜかしばらくすると丸みを帯び、さらなる一撃を求めて唾液が追いかけてきた。

チャンプの母の家に戻ると、夕食にチリとタマーリを用意してくれていた。チャンプの母や兄弟姉妹に会うのははじめてだったが、そうは思えないほどの気さくな歓待だった。マコトと僕も腹いっぱいに食べ、チャンプの家族とのひとときを過ごした。

「初日からすごいことになっとるやん」、マコトがつぶやいた。

彼らの手料理は、やわらかに身体に入ってきて、味覚と嗅覚とを楽しませ、やがて記憶の内奥に溶け込んでいった。

一一月三日（木）　曇り、時々晴れ、陽がかげると寒さを覚える

翌日も、引きつづきおこなわれている踊りを見にこないかと誘われていた。

一一時頃に村に到着してティナやチャンプ、ディージャに電話を入れる。だが、通じない。仕方なくあたりをうろうろしたあげく、昨日と同様に教会まで行き、車を停めてあるく。通りがかりの子ども連れの女性に話しかけ、踊りをやっている場所を尋ねると、プラザ（広場）の場所をていねいに教えてくれた。

四年前の訪問では、村全体をあるいたわけではない。ほとんどの時間をチャンプのトレイ

ラーハウスで過ごしたし、個人の生活空間がひろがり、原則的に写真撮影禁止の村のなかをあるきまわるのは気が引けたからだ。だから、今回のようにして招かれてあるくことができること自体、貴重な経験だった。

プラザ——その言葉をはじめて聞いたとき、それがいったいどんな場所なのか想像がつかなかった。けれどたどり着くとそこは、アドービ（日干しレンガ）の住宅で四方を囲まれた大きなオープンスペースだった。みんなが家の前や脇に椅子をおき、そこに腰をおろしている。家屋の二階のテラスに椅子を並べる者もいれば、屋根の上に座っている者もいる。全部で三〇〇人くらいだろうか。村人たちが静かに広場の中央を見つめている。僕らは見るからに「よそ者」だった。しかし、誰も咎める者はいなかった。比較的人が少なく目立たない場所を探してそこに座り、しばらく待っていると、鮮やかな色彩の衣装に身を包んだ一群の人びとがプラザの中央にやってきて、歌い手と踊り手とに分かれ、すぐに祝祭がはじまった。

歌い手は全部で五〇人ほど。全員が男性だった。なかには男の子も混じっている。一カ所にかたまり、経を唱えるようにして低い声でうたう。幾人かはドラムを叩き、低音で一定のリズムを刻んでいる。老若男女の混合で構成される踊り手は、約四〇人の列を二列つくり、そのなかには六歳くらいの小さな子どももいる。男性の踊り手たちは、右手にラトル（マラカスのようなもの）を持ち、左手に乾燥させたトウモロコシと松だかセージだか遠目には判断のつかない枝を持っている。女性の踊り手は両手に同様の枝を持っていた。

誰もが踊りと歌に集中していて、写真を撮る者はいない。ひとつの曲が終わっても、拍手する者すらいない。ほとんどの人がただその場にいて歌と踊りをじっと見守っている。静かな広場に、低音のドラム音と肉声がうねり、踊り手の身につけた赤や白やターコイの鮮やかな色彩がうごめいていた。時間が沈んでいって日常とは異なるテンポが打ち立てられ、空間が引き裂かれひろげられたうえで、人の肉体の壁によってあらたな境界が制定されたようだった。東京の喧騒を離れて約四〇時間後、まったく異なる時空間を見慣れない色彩と聴き慣れないリズムとが舞っていたのだった。乾いた空気に混じって嗅ぎ慣れないハーブのような匂いが漂い、ときおり鼻腔内をやわらかく刺激した。

一時間ほどが過ぎただろうか。じきに歌い手と踊り手は建物と建物のあいだを抜け、プラザから姿を消した。その後もしばらく音楽はつづいたが、やがてそれもやむと、座って見守っていた人びともひとり、またひとりと黙ったまま立ちあがって帰っていった。騒ぐ者も笑う者もいなかった。静かだった。戸惑っている僕らに通りがかりの女性がひと言、「ランチタイム（お昼休みよ）」と言葉をかけ、微笑みを浮かべて立ち去った。

みんなの姿が方々に散ってはけてゆき、僕らも停めていた車に向かってあるいていると、背後、少し遠くから突然声をかけられた。最初、なにを言われているのかわからなかった。しかし、足を止めて振り向いてあらためて聞くと、「お昼ご飯まだでしょ？　食べていきなさい！」と中年の女性が僕らに向かって誘っていた。なんだかわけがわからず、戸惑いながらも招待を受け、プラザの角にある彼女の家に入っていった。

玄関を入るとすぐに広いリヴィングのような部屋があり、壁にはさまざまな宝石や装飾品が飾られていた。綺麗に手入れされ、みごとな内装だった。右手にダイニングとキッチンがあり、この家の家族や親戚が一〇人くらい集まって食事をとっている。また、僕らのほかにもゲストがいたようで、白人の老夫婦が食事を終えて出ていくところだった。

招いてくれた女性はメアリーと名乗った。チャンプたちにあとで聞くと、このコミュニティではよく知られた存在だという。食事はポーク・チリ、トマト・スープ、羊のチリ、タマーリ、パン。どれも格別にうまい。思わずおかわりをもらって食べつづけてしまう。メアリーは食事をしながらいろいろな話をしてくれた。

「見知らぬ訪問者がいると必ず声をかけるの。それで家に招き入れて食事をふるまうことにしてるのよ。ニューヨークから来た訪問者がそのことに驚いていたけれど。強盗だったり殺人犯だったりしたらどうするのって聞かれたこともあるけど、わたしは気にしない。どんな人でもウェルカムっていうふうにしておきたいの。この家は神に守られてるから大丈夫なの」

メアリーはそう言って過剰さのないさわやかな微笑みを浮かべ、言葉をつづけた。

「あなたは日本から来たの？　そういえば日本から宝石類の買いつけにここに来てた人がいる。その人が日本からお客さんを連れてきてくれたこともある。わたしはこの村から出ることはほとんどない。これまででいちばん遠くまでいったのが、テネシーに遊びにいったときね。夫がエルヴィス・プレスリーのファンで、観光をかねて家族みんなで遊びにいったの。夫は宝石をつくるのだけど、ネットにあげたりするのが好きでないからネットで見ることはできないわね。でも人がこの村を訪ねてきて買っていったり、電話で注文があったりするの。わたしはこの場所が好きで、別の場所にいってみたいとあまり思わない。ニューヨークも遊びにいくにはいいけれど、あまりにも多くのものがありすぎる」

ランナーだというメアリーは、いまでも頻繁に走りに出るという。そのせいもあってかとても健康的に見え、姿勢がいい。メアリーの娘や娘の夫、孫たちもテーブルを囲み、ときおり言葉をはさんだ。僕らのようなゲストがいてもまったく緊張した様子がなく、過剰に気を遣うこともない。陽気に冗談を交わし、問いを投げかけ、ごく普通に話を披露してくれる。

彼らの語るところによると、今日僕らが見たダンスは「バッファロー・ダンス」と呼ばれるもので、バッファローをまつった一連の歌と踊りだという。ただ、詳細は不明で、尋ねても彼ら自身がうまく答えられないか、あるいは答えたくない様子だった。いずれにしても、四つの種類の歌と踊りが組み合わさって一つのセッションが構成されていて、そうしたセッションを午前中に四回、午後に四回くりかえすのだと教えてくれた。

別れ際、ずいぶんとたくさんのタマーリを持たせてくれた。何度もお礼を言い、外に出てプラザに戻ると、すでに午後の歌と踊りがはじまっていた。

派手なうごきがあるわけではない。ただ、同一のテンポで反復されるドラム音、男たちの低音のうねり、老若男女の渦巻く舞いを、身うごきせずに近くから遠くから静観する人びとのあいだにいると、降りそそぐ陽の光がその瞬間の持続を照らし、彼らの凝視なり注視なり看視なりがこの村の生きた記録であり記憶であるような気がしてきて、だからこそ写真や映像やその他の媒体での記録を残さないのではないかとすら感じられた。記録や保存にこだわらない方法での記憶にこそ、忘却の危機につねにさらされながら、しかし時代の著しい変化のなかで次の代へとなまなましく語り伝え、語り伝えなおさなくてはならないことがらが宿ることを見抜いた先人たちの智恵だったようにも思える。そこにリスクがないわけではない。けれども、もはや画像や映像が日常生活どころか身体の一部となり欲求や欲望へと生成し、撮ったものや撮られたものを通じてしか人は熱狂も堪能もせず、写されたもののなかでしか快楽や悲痛を覚えず、記録されたものでしか記憶を推し量らず、食事も祝祭も饗宴も、日々の食事から児童の運動会、恋人たちの性愛、路上の無差別殺傷、刑務所での虐待、自爆テロ直前の声明にいたるまで、ありとあらゆるものを記録し披露せざるをえない時代にあって、記録に依存しない記憶の様式を問いなおすことの意義は大きいように思えた。しかし、僕の肉体はもはや手遅れかもしれなかった。技術に深く依存した肉体と魂は、眼の前の音の律動を捉え、記憶しておくことすらできない。それでも、その奥にある壮大さを妄想すると眩暈がした。

陽が暮れると、チャンプの母の家——「おばあちゃんの家」とみんなが呼んでいた——に移動し、そこで夕飯をごちそうになった。メニューは、豆のスープ、豚足のスープ、パン、伝統的なインディアン・プディング。うまい。そして、やさしい。

夜七時頃になるとチャンプは、

「これから鹿狩りに行く。もう一〇年以上も行ってないからどうなるかわからないけれど。せっかく来てもらったのに本当に悪いけれど、ゆっくりしていってくれ」

と言い残し、友人とともに出発した。

チャンプは元気そうだし、健康状態も悪くはなさそうだった。けれど、四年前と比べて心なしか物静かになった気がした。酒は飲んでいないようだった。それでも、兄や妹の語るところによると、身体に健康上の問題を抱えている。彼らと話すと、妹がチャンプを敬愛し、兄もチャンプの健康を気遣っている様子が伝わってくる。

チャンプが立ち去ったあと、僕らもまた明日来ることを約束し、サンタフェに戻って安宿を探した。《モーテル・シックス》があいていたのでチェックインをすませ、部屋に入ったあと、マコトとともに飲みに出た。以前の滞在でチャンプたちと行った《カウガールズ》というレストラン・バーに向かい、地ビールを飲んだ。四年前のことが懐かしくもあり、どこかさびしくもある。理由はわからない。けれど、再訪にはいつだってさびしさと苦さがまとわりついている。批評家はそれを「ノスタルジア」と名づけてこき下ろすかもしれない。あるいは「ロマンティシズム」と呼んで切り捨てるかもしれない。それでもその微かな苦みは、いつまでも喉の奥に残った。

一一月四日（金）曇り、雨

「昨日の祭りの音楽、夢に出てきよった」

　翌朝、目が覚めるとマコトはそう言った。

「マジか。いいな」

「おお。ヤバかったな、あれは。四年前にチャンプのとこ泊まったときも、夜中に大声でチャンプがうたっとった。あれ、夢やったんかな。ほんまにうたっとった気がするけどな」

　タイミングをはずさず、そのとき、その場所で、夢と覚醒との境界が溶け合い、ひとつの現実が生成するのを経験できるマコトがうらやましかった。人類学の蓄積が教えてくれるように、夢は非現実ではない。虚構でもない。それは生きられた現実であると同時に、おそらくそれを超えるなにかだ。

　僕らは地元のカフェでコーヒーを飲み、ジョージア・オキーフ美術館に向かった。マコトがオキーフのファンなので、この美術館は必見だった。展示内容は四年前とはがらりと変わっていて、オキーフについて前回とはずいぶんと異なる印象を受けた。『Georgia O'Keeffe: A Life in Art』（ペリー・ミラー・アダト監督、二〇〇三年）というドキュメンタリーもやっている。恋人だったアルフレッド・スティーグリッツが撮った写真がオキーフの裸を含むものだったこともあり、自分の作品が「性的シンボル」として解釈されることへのトラウマ、具象を離れての抽象への実験、自然発生的で即興的に見えるが計算され幾度にもわたって重ねられた実験、フレームへのこだわりなどが、今回の展示の見どころだった。前回の訪問では風景画に魅せられたが、今回は抽象画の威力に揺さぶられた。

午後には再度ティナと村で待ち合わせた。今度はティナの家族が暮らす家に招かれ、彼女の母や姉、弟、兄、姉の娘を紹介してもらう。

「これであなたたちは、チャンプの側の家族とわたしの側の家族の両方に会えたわね」

ティナがそんなことを言った。

なかでも末っ子である弟がいろいろな話をしてくれる。

「昨日のダンスはコーン・ダンスで、トウモロコシの葉が揺れるようにして、人の列が揺れるのが特徴なんだ。あなたたちはあれがバッファロー・ダンスだって聞いたみたいだけど、そうじゃない。あのダンスはサンタクララ・プエブロから借りたもので、だから歌も僕らの言葉であるケレス語ではなく、彼らの言葉、テワ語によってうたわれてたんだ。そのほかにも、ズニ族からたくさんのダンスを借りてる。

「兄がウォー・チーフ〔部族長の一種〕をやっているので、村のみんながこの家に敬意を払っている。姉さんたちは『母さん《ママ》』と呼ばれたりするし、僕自身も『父さん《パパ》』と呼ばれたりする。ウォー・チーフは争いがあると、それに対して全責任を負うことになる大切な役割なんだ。それもあってこの家は集まりの場所になるし、訪れた人が泊まっていくのを拒めないことになってる。急に大勢の食事を用意しなければならないこともあるね。そういうのを姉たちだけにおしつけるようなことはせず、僕も手伝うことにしてるよ。かつてケイタリングの仕事をしてたことがあるから、その知識が役立つんだ。姉たちがいないときなんか、僕一人でなんとか全部の料理を用意することもある。

「いま、宝石もつくって売っているけど、宝石類をネットにアップすることはしてない。ネットにアップして手軽にコピーされるのも嫌だし、ちゃんと昔のやり方で、人との交流が見えるかたちで取り引きしたいから。

「いまはちょうど次期アメリカ大統領の選挙がおこなわれる時期でしょ？　そういう選挙のときに投票を呼びかける仕事もしている。僕の祖父は、このコミュニティではじめて投票をおこなった人なんだ。だけど、その当時もそうだったけど、誰も投票になんか見向きもしなかった。だから僕は、『村の人たちの言葉』でその選挙の意味と結果を説明する仕事を担ってるんだ」

ティナの弟は、若いが巨漢で、関取のような体つきだった。ティナの母が四二歳のときの子どもで、いちばん上の姉とは二一歳の年齢差があるという。話し方が知的で、頭の回転も速く、観察眼が鋭そうだった。自分で手がけている宝石づくりについて語る際にも、石の話をとてもくわしく教えてくれた。

やがて帰ってきてテーブルに加わったティナの姉の娘も、いろいろな話を聞かせてくれた。

「大学のとき、ニューメキシコ大学で最初は人類学専攻だった。でも、父親たちが許してくれなかったの。女性として見てほしくないことが出てくるだろうから、というのが理由だった。人類学はとても面白くて好きだったのだけど。そのあとはプロフェッショナル・ライティングとネイティヴ・アメリカン・スタディーズとのダブル・メジャー（二重専攻）だった。大学に通っているあいだも村ではさまざまなイヴェントがあって、わたしはそれが気になってそのたびに帰ってきたいと思ってた。だけど母親が、大学にいるあいだは村に帰ってこないで寮に住んでいろいろと吸収しなさいって言ってくれたから、大学のことに集中できたの。だから、大学生活をとおして世界というものを知ることができた。母が『祭りや踊りに参加できなくても心配するな。大学を卒業して戻ってきたときにまたキャッチアップすればいいんだから』って言ってくれたからできたのよ。大学などをとおして知った世界と自分の生まれた村の世界とのバランスをとるのは難しかった。けれど結果的に、そのあいだに立つ仕事をいまはしている。たとえば、村で問題が起きてそれを解決するとき、『彼らの言葉』でその問題を説明しないといけないから、その役目をわたしが担ってるの」

途中でティナの姉が手製の鹿肉スープをだしてくれ、とびきりうまいのでおかわりをしながら彼女の娘がやわらかい物腰で話すのを聞いていた。彼女は現在、《ハイ・ウォーター・

マーク》という地域に根差して部族ごとの意向を踏まえながら、おもに水害などの災害対策や環境整備などをおこなう会社で働いている。

村の未来を担っていくであろう若い世代の二人がそろって、「村の者たちの言葉（世界）」と「外の言葉（世界）」との橋渡しの必要性を口にしたのが印象的だった。橋渡し、架橋、仲介、仲裁、調停、翻訳、メディエーション——いずれも自らの身体を用いての《媒介》の仕事であり、時として対立する人びとの懐に入り込んで、ねばり強く交渉を重ねるプラグマティックな力が要求される。理想を語るだけではすまない。たとえば、「文化を守ろう」「地域の自律性」「ローカリゼーション」——いずれのかけ声にも賛同するところが多い。とくに、市場経済と深く連動した制度のもと、人びとの内面に取り込まれ消化され血肉化された諸々の価値意識が、より大きな力になって地域や人びとの生を呑み込んだり踏みにじったり破壊したりするのを眼にすると、そしてそれを眼にしていながら傍観やら諦観やら無力感やらが周囲だけでなく自分の肉体のうちにもはびこり増殖し匂いを放っていると、ことさらその声も語気も強めたくなる。けれども、いままさに発現しようとする暴力の現場に立ってそのあいだに位置どり交渉を重ねつづけるのは、それほど簡単なことではない。それはきっと、「裏切ったのではないか」「転んだのではないか」「妥協したのではないか」という嫌疑を両サイドからかけられ、「もしかしたらそうなのかもしれない」と自身を疑いつつも《媒介》の継続のうちに自身の変奏曲をかなでるような仕事だろうから。「外」や「高み」に立って批判や批評や断罪をくりかえすのではなく、内に在って手足を泥や汗や血で汚しながら、ブレたり逃げたりオロオロしたりしつつもたたかいつづけること――決して簡単ではなく、心労や徒労の多い《反暴力》の仕事を、彼や彼女は引き受けているように見えた。

話し込むうちに彼らの肉声と自身の想念が戯れはじめ、気がつくと外は暗くなっていた。

一一月五日(土) 雨

サンタフェにある《シップロック》というギャラリーに向かう。マコトの知り合いのスタイリストからの紹介だった。なかに入ると「ケワのサンダーバード」と題された特設棚があり、ケワでつくられたアクセサリーが飾られている。背が高く、細身でファッショナブルな男性店員によると、ほとんどのものが一九三〇~四〇年代の大恐慌時代につくられたとのこと。お金がなくなり困った彼らが、投棄されたプラスチックのフォークや車のバッテリーなど、すでにあったものを使って装飾品をつくりはじめたのだという。廃材を用いたアート作品はいまでは珍しいことではないが、その土地で採掘された石とゴミを合わせてアクセサリーをつくり、その売り上げで地域コミュニティを支えていたこと、そしてそれが時代を経ていまや高級化したサンタフェのファッショナブルなギャラリーで何十、何百倍もの値段がついていることを考えると驚愕する。しかし、いまこのギャラリーでモノが売れても、ケワに利益がもたらされるのかはわからない。

「ギャラリーのオーナーは、かつての交易所《トレイディング・ポスト》をいくつも所有する家族の出身で、それらを引き継いでいまのビジネスを起こしたんだ。《ヴィズヴィム visvim》というブランドを運営する日本のファッション・デザイナー、中村ヒロキとも仲がよく、彼の作品もこのギャラリーで扱ってるんだ。彼の作品だけを扱うギャラリー・スペースをいまつくっている最中で、近日中にオープンする予定だよ」

　オープン予定の店に案内してくれるというので店員とともに訪れ、先住民のテクスタイルの紋様や色彩を取り入れた洋服や靴などを見てまわり（もちろん、高額で手が出なかった）、遅めの昼食をとったあと、ティナのもとに向かった。途中、スーパー・マーケットで米や味噌、海苔、ワカメ、醬油、鮭の切り身を買った。お礼の意味も込めて、その日の夕食を僕らがつくろうと思いついたのだ。

　村の外にあるガスステーションでティナとディージャとエディ（ディージャの恋人）と待ち合わせ、そのままチャンプ宅に移動する。チャンプはまだ鹿狩りから戻らない。キッチンを借りてどうにかこうにかご飯を炊き、味噌汁をつくり、鮭を焼いて、おにぎりを握った。三人ともおいしいと言いながら食べてくれ、大量に握ったおにぎりがあっという間になくなった。口に合うかどうかを心配したが、ごく普通に味わってくれたようでマコトと僕はほっとした。

　食べおわると、ティナが村に生えている野草をつかってインディアン・ティーを入れてくれ、それを飲みながら時間を過ごした。ティナは、ここのところずっと祭りがつづいたため、その準備や手伝いで疲れているとのことだった。

「今日はやっとリラックスできるの。お祭りがあると、チャンプの側の家族と自分の側の家族との両方でいろいろな手伝いをしなくてはいけないから大変よ。チャンプも体調を崩していることもあって手助けが必要だし、チャンプを助けることでいまはお金をもらってるの。チャンプには助けが必要なのよ。エクササイズしたり、ストレスを管理したりもね。

「昨日あなたたちが会ったわたしの姉の娘は、姉によって厳しく育てられたからきちんと勉学に打ち込んで大学を卒業できたの。このコミュニティでは、相当厳しく自分を律していないと大学には行けないし、卒業もできない。わたしはディージャに対してそこまで厳しくすることはしなかった。わたし自身が厳格な親元で育ったから、できればそうでないやり方で育てようと思ったの。それでも、いまは立派に育ってくれたからよかったと思ってる」

ティナはそう言って微笑み、隣に座っていたディージャを抱き寄せた。ディージャもまた、村の力学と「外」の世界の力学との齟齬《そご》や衝突、矛盾のあいだで引き裂かれてきたのかもしれなかった。

マコトがティナに尋ねた。電話をくれたとき、なにかあったのか、と。

ティナは一瞬、不思議そうな表情を浮かべてから言った。

「ああ、あのときはね、新しい携帯電話を買ったから試してみたかったのよ。はじめてのスマートフォンだったから」
マコトが笑った。僕も笑った。
「なにかあったのかと思った」
「ちがうのよ」とティナも笑った。

一一月六日（日）晴れ

朝六時半起床。昨夜は結局、チャンプ宅に泊めてもらった。起きだして準備し、ティナに誘われるまま村の教会に向かう。ディージャとエディも一緒だ。

村のなかと同様、教会内も周辺も写真撮影禁止で一枚も写真を撮れない。鮮やかに彩色されたアドービの建物に入ると、教会内には全部で二、三〇人ほどの男性、二〇人ほどの女性が座っている。神父は白人で、補佐役が先住民の男性だった。男性は正面に向かって左側に座り、女性は右側に座る。しかしティナに案内されたマコトとエディ、僕は男性だが、右側に座った。

ミサは全体で四〇分くらいの長さで、神父の呼びかけに応じて参加者が言葉を暗唱したり歌をうたったりする。後半に寄付の時間があり、握手の時間がある。説教のなかで「天使のようになりなさい」という言葉が幾度も神父の口から発せられた。そして、いくつかの儀式的な動作があった。神父がパンをかじり、ワインを口に含み、その後パンを求める信者にパンをほどこす動作があった。

アメリカ先住民とキリスト教とのあいだにはひと言での要約を拒むような、生々しく重苦しい歴史がある。だがいま、眼の前のことから記述するなら、この村の中心に美しい教会があり、そこに先住民の男女が通い、チャンプの家には十字架が飾られている。おそらくは多くの家にも十字架がある。しかし、同時にティナの弟が説明してくれたように、キリスト教は「僕らにとって二番目の宗教とでもいうべきもの」だと彼らは認識している。

ミサが終わり、外に出てしばらくするまで、僕らはほとんどひと言も発さずに時間を過ごした。ごく一般的なカソリックのミサだと思ったが、地元で別の教会に通った経験のあるエディは、ずいぶんと雰囲気が違うという。

「こちらのほうがみんなが真剣な感じがしたね。自分の通っていた教会のほうがもっとリラックスしていて、参加している人もミサのあいだ小声で話をしていたりするよ」

ミサのあと、みんなでサンフェリペ・プエブロのカジノにあるレストランまで出かけていき、食事をとった。教会に行ったあとにブランチをする習慣は、ここでも同じだった。

いつもそうなのだが、僕らの旅はまったく「ノープラン」のまま進むので、今回はチャンプとは多くの時間を過ごせなかったが、ティナやディージャ、エディ、そしてティナの家族、チャンプの家族にすっかりお世話になってしまった。けれども、そろそろ先に進まなければならなかった。別れの時間が迫っていた。僕らはブランチをゆっくりと味わい、うすいコーヒーで飲み下していった。

ティナたちと抱擁を交わして別れたあと、僕らは先を急いだ。タオスを経由して旅の最終地となるデンヴァーにいたるまでに、できるかぎり多くのプエブロの村を見てまわりたかった。プエブロと一口に言っても、ニューメキシコ州だけで現在一九の集落があり、五つの異なる言語が話されている。到来したスペイン人たちが集落を形成して暮らす先住民を見て、スペイン語で「町」や「村」を意味する「プエブロ」を呼称に用いたのだ。

まずはレストランのあったサンフェリペ・プエブロの村を車でまわり、そのあと村のなかを走る道をとおってコチティ・プエブロまで抜けようとしたが、すぐに道に迷うことになった。舗装された地面は途切れ、土と砂利の道がつづき、とおってよいのかどうかためらうほどの細い道や橋を渡った。見渡すかぎり人の気配がまったくなく、ただ草原がひろがった。時折、小屋のようなものがあったが、人はいないようだった。どこまで行っても地形が似ているので、目印を探しにくく、GPSも入らなかった。それでも僕らは進んだ。昨年のアラスカ、一昨年のモロカイ島、ともに安いセダンをレンタルしてひどい目に遭っていたこともあり、今回はSUVを借りていた。いや、正確に言うと、アルバカーキのレンタカーの窓口で担当者の女性に言われたのだ――「あなたたち、デンヴァーまで行くんでしょ？　SUVじゃないと無理よ。途中、路面が凍結してるところもあるから。いまなら同じ値段になるみたいだから、SUVにしなさい」と。だからSUVを運転しながら、舗装されてなくても余裕だぜ、と強気になっていたのかもしれない。それでも、行けども行けどもどこにも出ないので、だんだんと不安になってきていた。道も悪く、スピードも出せない。のろのろ進んでいき、そろそろ本当にまずいなと思った矢先、突然道がひらけ、見覚えのある場所に出た。

――ケワだった。

村の奥、チャンプの家に向かう途中の道だ。目指した方向とはまったく違ったが、なんとなく不思議な感じがあった。僕らはケワを抜け、いま一度その風景を味わい、コチティ・プエブロの村に向かった。

コチティ・プエブロに到着すると僕らは車を停め、キヴァ（宗教儀礼などがおこなわれる神聖な集会場）やプラザを見てまわった。日曜日の昼下がりのせいか、人がほとんどいない。それでもあるいていると、「ポッタリー／ストーリー・テリング」という表記のある一軒家があった。思い切って近づくと、家のなかからおじいさんが出てきてくれる。耳が悪いらしく補聴器をつけている。村を訪ねてまわっているのだと告げると、僕らを家に招き入れ、自分でつくっているという一連の陶器類の作品を見せてくれたあと、話を聞かせてくれた。

「私たちはあなたたちとは異なる育ち方をしました。今日はなにかを学んでいってください。私たちはなにも書き留めないので、文化が消えていきつつありました。子どもたちはほとんどが結婚して村の外に出ていきました。ドイツ人や中国人と結婚した者もいます。しかし、孫たちが文化に関心を示しはじめました。それで私たちに文化を教えてくれと言ってくるんです。いよいよ滅びるというまさにそのときに、こういうかたちで継承する機会がやってきたのです。

「コチティは、ストーリーテラー・ポッタリーで知られています。みんながどのような物語を求めているのかを私は敏感に察知しようとします。注文を受け、リクエストに応えてつくることもあります」

世代を超えての継承（記録や保存に依存しすぎない伝達）、そして「外」の世界とのつき合い方（「異なる」だけでなく、圧倒的な権力の不均衡のある関係のなかでのコミュニケーション）が、ここでも問題にされていた。僕らは礼を言って車に乗り込んだ。

コチティをあとにして、コチティ湖を眺め、そのまま山道を抜けて先に進んだ。しかし、途中で道が閉鎖されている。途中、なんの警告も出ていなかったのだが。仕方なく引き返し、今度はテスク・プエブロの村に向かう。だが今度は、なかなか見つからない。少し手前のテスク・タウンで高速を降りて探すが、たどり着けない。テスク・タウンはどういうわけか、金持ちの村という印象が強い。オペラハウスが設立されており、フォー・シーズンズの宿がある。

村にはたどり着けなかったが、やっとのことでテスク・プエブロ・フリー・マーケットを探し当てる。すでにマーケットは終わりかけていたが、なかに入ってウロウロしていると、店を出し、その前で絵を描いていた女性が話をしてくれる。彼女はエリザベスと名乗り、チャキチャキとした物腰で、はっきりと自分の意見や解釈を口にした。

「あたしはね、三〇年前にヴァージニアから引っ越してきたの。とにかくルールが嫌いで、東海岸は耐えられなかった。ニューメキシコは人口が少ないこともあって、ルールが少ないし、抑圧も少ない。ここに来たときに驚いたのは、お酒を買うときに小さなウィスキーボトルと氷を入れたグラスを渡してくれることね。車を運転してきてるのによ！　もちろん飲酒運転をしたいわけじゃないけど、東海岸だとこうはいかない。免許をチェックして、なにしてかにしてと、うるさい。車も保険に入ってないと乗れないしね。

「もちろんここにも問題がないわけじゃない。人が少ないから産業もないし、経済もよくない。全米で何番目かに貧しい州に入ると思う。もちろん州内でも偏りがあって、アルバカーキから南側はテキサスのように金持ちが住んでる。全部ガソリンなどの油を掘り起こす事業よ。このマーケットにもテキサスとかそのあたりの金持ちがプライヴェイト・ジェットを使って飛んできて、アート品を買いあさって帰ってくの。ロスアラモス周辺は研究者たちが暮らす場所で、彼らもそこそこ金持ちだけどあまり消費するタイプじゃない。まあ、それはわかるわよね？　サンタフェも金持ちが多いけど、それは町の東側だけに集中してる。あたしが住んでるのはそこじゃなくて、お金がそれほどない人の住む場所よ」

そう言ってエリザベスは笑った。ユーモアを交えながら話す彼女だが、語る内容から彼女がリベラルな考えの持ち主であることが伝わってくる。そのリベラルさが、肩肘張った感じでないのが、またいい。

「インディアンやスペイン語圏の人と白人のあたしとのあいだにはテンションがあるの。あたしはもう長年この場所に住んでるけど、いまだに近所に住むスペイン語で話す人たちとのあいだには壁のようなものがあって、彼らが態度を切り替えるのがわかる。あたしだってスペイン語がわかるから、彼らがなにを話してるのかくらいわかるんだけど、彼らはそれに気づかないのよ。インディアンやスペイン語話者の友人もあたしにはいるんだけどね。

「インディアンといえば、友人の紹介である村の儀式に参加させてもらったことがあった。普通は白人のあたしなんかが入れるようなものじゃないんだけど、友人がいたから入れた。でもその日、テントのなかにいて、しばらくしたら儀式の最中なんだけどトイレに行きたくて仕方がなくなってしまって。それで、もういよいよ我慢できなくなって、本当はダメなんだけど、立ち上がってみんなのあいだを掻き分けて外に出たの。もう大変だった。みんなして怒るわ怒るわ。でもしょうがなかったの。

「このマーケットへの出品者にはテスク・プエブロの人はいない。彼らはただ場所を提供してお金を得ているだけね。彼らと直接顔を合わせる機会さえないわね。このマーケットには、でも、いろんな国籍の人が出品してる。そして、いろんな人が出入りしてる。

「もうすぐ選挙だけど、本当にこの先どうなるのかが心配ね。さっきマーケットに出品してるパキスタン人に聞いたら、彼はトランプに投票するって言うのよ。信じられる？　冗談かと思うでしょ。本気なのよ。彼はパキスタン人なのよ。それでもトランプに入れるのよ。だから、本当にどうなるかわからない」

僕らは彼女の片付けを少しだけ手伝い、礼を言って別れたあと、エスパニョーラという小さな町に宿泊した。

一一月八日(火) 快晴

この日は六時半過ぎに起床。ここのところ朝晩は冷え込むが日中は陽射しが強く暑い。すでに前日の夜にタオスに到着していた。エスパニョーラの安宿に泊まったあと、美しい山に囲まれた絶景のなかに位置するサンイルデフォンソ・プエブロ、川辺での大規模な工事が進められていたサンタクララ・プエブロ、たくさんの犬が放し飼いにされているサンフアン・プエブロ、そしてプエブロではないが織物で有名なチマヨという町に立ち寄り、タオスにたどり着いたのだ。

タオスの中心地まで行き、車を停め、《カフェ・タザー》でコーヒーを飲む。そして店員の男性と言葉を交わした。店内のテーブルに碁盤と碁石が置いてあったので、誰か碁を打つ人がいるのかと思い話しかけたのだった。

「碁は世界で最も古い遊びだよね。みんなかつてはここでよく碁を打ってた。けど、最近はやる人が少ないね。一九八九年にコンピュータがチェスの世界チャンピオンに勝ったけれど、そのときは、チェスがわりと単純な遊びだから勝てただけで、碁のような複雑なゲームだとコンピュータは勝てないだろうって言われてた。ところがAIの開発が進んで、最近になって碁の世界チャンピオンにAIが勝ったんだ。最新の記事では、AIの開発者でもある数学者が、生命の背後にあるコードを発見したって言ってる。その発見の含みはなにかを考えると、とても面白い」

ものすごい勢いで知識と情報と経験とが結びつけられ、批判精神とあいまって、気さくな店員の口から発せられていた。男性はダニエルと名乗った。

「俺はミシガン州出身でここに住み着くようになった。あそこに座っているのは俺の娘で、名前はアタリっていうんだ。日本語の『当たり』からつけたんだよ」

クールな内装のカフェの片隅で、コンピュータと格闘していたアタリは、僕らのほうを見て一瞬微笑み、すぐにまたモニターに没頭した。

「俺はいまはウェブデザインの仕事なんかをしながら、写真や映像を撮ったり、映像編集の授業をしたりしてるよ。高校をドロップアウトしてるんで、どこかで勉強したっていうよりは、自分で学習して身につけた。世界中のことを学びたいっていつも思ってる。新しい映画、新しい音楽、新しい文化をね。いまかけているこの音楽もジョン・ゾーンの『ザ・サークル・メーカー』っていうアルバムだけど、ジョン・ゾーンがこういう音楽をやりはじめた頃は斬新で、みんなを驚かせた。いまそれほど新しく感じないだろうけど、それは彼が限界を突破するような仕事をして、それがひろまったからだ。その意味ではジョン・コルトレーンの仕事に似てるよね。

「この店は家賃月六〇〇ドルで借りているらしい。オーナーは俺ではなくて別の人で、俺は週に三回ここで働いているだけ。あとの時間は自分のことをやってる。ここで映像編集の授業をすることもあるね。

「きみらタオス・プエブロに行きたいの？　その場所まではすぐだけど、せっかくならメイン・ストリートを南に行って、ピラーという場所を右に折れて細い道をずっと進んで、曲がりくねった道を上まであがっていくといいよ。そこをずっと行けば、ゴージ・ブリッジも見られるしね。その曲がりくねったクレイジーな道をあがっていって、静かな場所でビールを飲んで帰ってくるっていうのが、俺のリチュアルなんだ」

快活で頭の回転の速そうなダニエルは、そう言って微笑んだ。

僕らはカフェをあとにすると、言われたとおりの道を行った。細い道に入り、小さな橋を渡ると、舗装された道が終わって土と砂利の道になる。それをひたすら上にあがっていく。かなりの傾斜の曲がり道がつづき、幾度も岩山と木々の絶景がひろがった。下には渓谷があり、ガードレールもなにもないので運転には注意が必要だが、ゆっくりと登り、途中で車を停めてエンジンを切った。そして、切り立った岩と生い茂った低木とに容赦なく陽が照りつけるのを眺めた。音がなく、乾ききった青空を時折、野鳥が飛び交った。傾斜を登って登って登りきってキャニオンの頂に出ると、さえぎるもののない平原が見渡すかぎりどこまでもつづいているのが眼に飛び込んできた。

さらに車を走らせてゆくと、左手に集落が見えてきて、どうやらヒッピー・コミューンのようになっているようだった。シュールでサイケデリックなオブジェが置いてあり、そのあとにトレイラーハウスを利用してつくった《スカイ・カフェ》というカフェがある。「オープン」という表示があったが誰もいない。あとで聞いたところ、このあたりには「アースシップ」というサステイナブル・コミュニティがあるとのことだったが、どうやらそれともまた違うコミューンのようだった。

さらに先を急いだ。暗くなる前にタオス・プエブロに着きたかった。途中、すさまじい高低差の渓谷にかけられた《ゴージ・ブリッジ》で車を停め、コーヒースタンドでコーヒーを買い、高所の恐怖からマコトも僕も眩暈をおぼえながら橋を途中まであるいた。

「怖っ！　アメリカってこういうとこあるなー。なんちゅうの。勝手にどうぞ、落ちたら自己責任です、みたいな」とマコトは妙に冷静な分析をしつつ写真を撮った。

「なんでみんなこんな思いまでしてこの場所を訪れるんだ」と僕は罵りつづけた。

すれ違う人びとが楽しげに会話をしながら平然とソフトクリームをなめて橋を渡ってゆくのを見て唖然となりながら、「怖くない、怖くない」とナウシカ風の呪文を唱えたが、効果はまったくなかった。

また、立ち寄ったアロヨ・セコという小さな町の服飾雑貨屋《フランチェスカ》で、ニューヨーク出身だという女性オーナーと知り合い、身の上話で盛り上がった。この店はここ一〇年ほど連続で「タオスのベスト・ファッション・ストア」に選ばれているとのことだった。彼女は、兄弟がはやくに亡くなったのをきっかけに日蓮正宗に帰依し、いまはそれほど真面目に実践しているわけではないが、夫はいまでも熱心な信者だと語った。

どこかで車を停めてあるくと、必ずといっていいほど実りある会話が起こった。これもまた旅の醍醐味には違いなかった。ひとつひとつの語り――その声音、リズム、テンポ、表情、仕草、所作、機微、オーラ、匂い――には、傾聴に値する人生の断片が含まれていて、いつまでも酔いしれていたいと思わせる誘惑があった。その人の根（roots）があり、たどってきた道程（routes）があった。そしてその背後には、その人が出会った幾人もの肉声とおびただしい数の想念の歴史があった。

午後になって、やっとタオス・プエブロまでたどり着いた。

タオス・プエブロは世界遺産に登録されたこともあって、観光地化がかなりの程度進んでいるように見える。入り口で一六ドルを支払う仕組みになっていて、それをすませると村のかぎられた部分を見学し、写真におさめることもできる。また、短いツアーも用意され、希望すれば居留地の説明を聞くことができる。僕らの到着したときには、若い先住民女性がちょうどツアーをはじめるところだった。トレーニングを受け知識を身につけたという彼女は、洗練された早口で自身の部族の歴史を語ってみせた。

「ここにある教会は、いまでも使われている教会です。教会はわたしたちにとっては二重の信仰のうちのひとつなんです。ひとつは自分たちのスピリチュアリティや自然との関係についての信仰です。そして二つ目にはキリスト教という信仰があります。これがわたしたちです。

「向こうにある壊れた教会。あれは一六〇〇年代初頭、強制的にキリスト教化されたときに建てられたものです。そのときは、スペイン人が残虐な仕打ちで強制的にインディアンをキリスト教化しました。ある日複数あるプエブロたちが結託して、『プエブロ・リヴォルト(プエブロの反乱)』が起こります。プエブロといっても同じ言語を話すわけではなく、部族ごとにケレス語、ティワ語、テワ語、トワ語とあり互いに通じないので、反乱を率いたオケ・オウィンゲ(サンファン・プエブロ)出身のポペという人物が、各部族の村に結び目のついた紐を持っていかせ、村のリーダーが毎日その紐の結び目を解き、すべての結び目がなくなるタイミングで反乱を一斉に仕掛けました。

「この反乱に参加しなかったプエブロもありました。たとえばアコマ・プエブロは、反乱に先立つ時期におこなわれた戦闘で虐殺を経験しましたが、そのときには男性だけでなく女性も子どもも殺されたほか、抵抗していた男性のなかには右足を切り落とされる刑を受けた者もいました。それが恐怖心を植えつけ、反抗できなくなったのです。プエブロの反乱によってスペイン人を一度追い出すことができました。教会は破壊されました。「その後、スペイン人たちがふたたびやってきましたが、今度は以前とまったく異なる態度で、住んでよいかどうかの許可を得ようとしてきました。だから、関係は比較的良好で、自らすすんでカソリックになりたがる先住民もなかにはいました。教会もふたたび建てなおしが進みます。

「しかしその後一八〇〇年代になると、アメリカの軍隊がやってきてこの地を支配しようとしました。ふたたびプエブロとメキシコ人とによる抵抗が試みられます。これが『タオスの反乱』です。しかし、アメリカ軍によってすぐに鎮圧され、この教会に逃げ込んだ人びとが虐殺されました。そのときの破壊が凄まじかったことに加えて、あまりにも血なまぐさい歴史があったため、もうこの場所に教会を建てるのはやめようという声が出ました。それで、そのまま残され、お墓になっています」

眼の前には廃墟と化した教会があり、その横にひろがる乾いた土砂のなかにおびただしい数の十字架がひしめき合っていた。スピードが速く、すべてを記憶できたわけではないし、僕の勘違いも含まれているかもしれないが、およそ以上のような内容の血なまぐさい歴史を、墓のまえに立ったガイドの若い女性はよどむことなく要約して語ってみせた。マコトと僕だけでなく、十数名の白人観光客に向けて、ほとんど表情を変えることなく披露してみせたのだ。通史的に語られ、教科書的に整理され、観光産業に組み込まれたこの歴史もまた、媒介者による伝承には違いなかった。周囲には明るい黄土色をして丸みを帯びたかわいらしいアドービの建物がつづき、振り向くと陽のなかで醸成した絶景があった。胸の内奥で毒蛇がのたうち、幾度か喉元をうつような感触があったが、いつものようにふさぎ込んで沈思し想念と戯れる隙《すき》がなかった。コロンブスが幾度もの改名の末に《キリストを担う者》として懸命に他者の土地への旅を決行し、地名に変更をくわえ、おびただしい数の殺戮、強姦、強奪、虐待をくりかえしてまわったとき、その後のコンキスタドールによってさらに醜い蛮行がおこなわれたとき、ラス・カサスやそのほかの宣教師たちが虐殺に反対しながらキリスト教化と植民地化とには積極的だったとき、彼らの眼になにがうつっていたのか――それはいまや明らかになっている。殺されてゆく側、反逆する側、生き延びる側の眼を想像するのはそれより難しいが、まったく不可能なわけではない。だが、それらの陰惨を前にキリストの眼になにがうつっただろうか。崇高な存在、あるいは大地の土砂、河川の清水、揺れる草木、漂う雲、照りつける陽、恥じらう月は、なにを目撃しただろうか。

最後にガイドが、村のなかを流れる川、《リオ・プエブロ・デ・タオス》に僕らを案内した。
「この川の水源になっているブルー・レイクは以前、アメリカ政府によって奪われた土地でした。ですが、長年の取り組みによってニクソン政権の頃に権利を取り返し、いまではタオス・プエブロの管轄になっています」

ツアーは終わった。

陽が傾くなか、僕らはタオス・プエブロをあとにした。

夜はタオスの町を散策しつつ、《バーガー・スタンド》でチリ・バーガーを食べ、地ビールを飲んだ。その後、昨夜も行った《エスケズ・ブルワリー》に移動し、チリ・スープと追加の地ビールをたのんだ。大統領選の開票がはじまっていた。店内のテレビで速報が流れている。昨晩の店員さんとの会話などから、店のオーナーや店員は民主党支持者で、クリントンを応援していることがわかっていた。いや、完全にクリントンの政策に賛成かどうかはわからないが、少なくとも反トランプであることは間違いなさそうだった。今回の旅の最中、ずいぶんと多くの人たちが大統領選への懸念を口にし、「トランプが大統領になったら大変なことになる」という感覚を表明しているように見えた。

店に入って注文した時点ではまだ結果の行方はわからなかったが、テレビが映し出すアメリカの地図は「赤色（共和党）」が多いように見えた。「青色（民主党）」は苦戦を強いられているようだった。

ビールを飲みはじめてしばらくすると、新たな速報が流れた。

「ファック！」

テレビを注視していた常連らしき男性が大声で叫んだ。

またひとつ、赤色の州が増えたのだ。

僕らのうしろの席についた観光客風の四人の白人中年男女が互いの顔を見合わせ、静かに肩をすくめた。「そんなこと言ってもねー」「おいおい、なんかしゃべりにくいなー」「僕たちの勝ちだよ」――そんな声が聞こえてきそうだった。トイレに立ったときになんとなく彼らのほうを見やると、彼らの注視するスマートフォンの画面は真っ赤な背景で速報を伝えているようだった。

部屋に戻り、夜中一時を過ぎた頃だったろうか。まだわからないかもしれないとするクリントンの反応を尻目に、トランプが勝利宣言を表明した。テレビには、満面の笑みを浮かべた男と、同じく笑いを浮かべ媚びたように拍手を送りつづける群衆の姿があった。この瞬間の構図と姿態と漂う匂いとは、いつの時代も、どこの国も変わらないな、と思った。くりかえし見せつけられてきた退屈なデジャヴだった。きっとクリントンが勝ってもそれだけは変わらなかっただろう。

しかし、すでに困難を強いられているマイノリティにとって、さらに暮らしにくくなることは必至だった。ニューヨークに暮らすマコトが暗い表情を浮かべた。

一一月九日(水)　快晴

六時半起床。昨日も行った《カフェ・タザー》に向かう。このカフェにはよいヴァイブが流れている。店員のダニエルが僕らの名前を憶えていてくれて、また話を交わす。僕らがこれからデンヴァーに行くと言うと、以前住んでいたからといろいろと教えてくれた。

「以前に住んでたからわかるけど、いい街だよ。これから行くならいろいろ楽しめそうだね。オデルスという店、それから日本食のドモという店、エヴァーグリーンにあるヤード・ハウス、どれもおすすめだね。

「俺はミシガン州のフリントという町で生まれたんだ。過去何年にもわたって最悪の犯罪率とされた町だよ。でも、外国に出てみたらわかる。別になんてことないってね。メキシコやアフリカに行ってみたらわかる。アメリカに生まれたことはすごく幸運だったと思ってる。お金を儲けたいと思ったら、この国にいるのがベストなんだ。タオスはそのなかでも最高だね。デンヴァーも気に入っていたけれど、大麻を合法化したことで人口が激増してるんだ。いまはまだ過渡期で、インフラ整備が人口増においついてない。

「それから昨夜、皆保険制度の法案を通そうとしたのだけど、通過しなかった。もし通過してたら、人口はさらに増えただろうね。ただ、皆保険制度には賛成だけど、そうするためには所得税の増税に加えて、私企業の税金を二倍にしないといけないらしいんだ。そうなると小さな企業はやっていけないだろうから、法案の通過は無理だろうね。

「一二月に家族で旅に出る予定なんだ。香港とシンガポールに行こうと思ってる。シンガポールにはジョセフ・プリンスっていう牧師がいるから観にいきたいと思ってる。ニュー・クリエーション・チャーチの牧師なんだけど知ってる?

「サンタフェにもいいスポットがあるけど、行った？　このあたりのギャラリーは全部同じような作品でダメだね。この店に飾ってあるものも好きじゃない。面白くない。グラウンドブレイキング（独創的）じゃない」

ダニエルは、昨日一〇エーカーの土地をコロラド州との州境に近い場所に買ったという。そこに小さな家を建てて、エアーB&Bでもやろうかと思うと語った。ほかにも、オリジナルのサプリメントをつくりそれを販売していることも教えてくれた。

気さくで意欲的でエネルギーにあふれ、若々しいうえにしっかりしている。高校をドロップアウトしながら独学で勉強し、知識を摂取し、映像をつくり、サプリメントを調合し、海外の文化を学び、事業を起こす。けれども、その「自由なスタイル」は同時に、大金を稼ぐ牧師への傾倒、アメリカという土地での自由競争の称揚と同居する。

やがて、クールなハットをかぶった中年男性を紹介され言葉を交わす。ビート詩人を思わせるようないでたちで、この店の常連だという。速い語りが止まらなかった。

「タオスに暮らしはじめて一二年になる。もともとはニューヨークのアッパーウェストサイドの出身でね。といっても、アッパーウェストはいまみたいに裕福なエリアじゃなかった。私の家族はミドル・ロウワー・クラスで、金持ちだったことはない。ニューヨークが高級化していくのがわかっていたから、一九七〇年代にはもうあの場所をあとにしたんだ。メキシコに住んでたこともある。

「いまの社会はどこか狂ってるよ。大統領選を見ればわかると思うけど、ディベイトが機能してない。子ども同士で悪口の言い合いをしてるみたいだろ？　トランプは嫌いだけど、この先どうなるかは見ものだね。大統領が誰になったかでみんなが大騒ぎするけど、大統領ばかりにあまりフォーカスを当てるべきでないと私は思う。大統領が誰になろうと、すべてはローカルの人間がどうふるまうかだよ。この場所にはタオス・プエブロがいる。タオス・プエブロはブルー・レイクの権利をめぐって六〇年以上にわたる闘争をくりひろげ、ロビー活動をつづけたんだ。その結果、権利を得ることができた。ニクソンが偉かったわけじゃない。ロビー活動を彼らがつづけた結果なんだ。わかるかい。タオス・プエブロたちはね、あきらめるタイプの人たちじゃないんだ。少し前にこの土地に空軍基地を建設する計画が持ちあがった。でも地元の人が立ちあがって拒否したんだ。

「この場所はちょうどいい距離感での人とのかかわりがあって、小説を書いたり、アートをやったりするためのいい意味での孤独感も得られるんだ。フクオカ・マサノブの『ザ・ワン＝ストロー・レヴォルーション（わら一本の革命）』を知ってるかい？　あれを読むといい。私はあの本からインスパイアされて自分の家を建てたんだ。この社会はお金ばかりが中心になってまわってる。それはやっぱりどこかおかしい。生きるためにお金を稼がないといけない社会がつづくかぎり、必ず貧富の差が生まれるね。だからどんな大統領になろうが、それが改善しないかぎり、問題は解決しないんだ。『レイシング・イクスティンクション』という映画も観るといいよ」

そのあと、店に来ていたマウイ島出身のずばぬけてハンサムな男性とカリフォルニア出身の女性のカップルとも話し込み、僕らがカフェを出たのは一一時頃だった。

それから、《タオス・ピザ》という店でピザを注文し、トランプの勝利に腹をたてて「私の大統領じゃない《ノット・マイ・プレジデント》」を連呼して僕らの注文を何度も間違える店員――彼女は韓国のソウルに生まれ、さまざまな場所を移動してタオスにたどり着いたアメリカ白人女性――と言葉を交わしたのち、同じピザ屋で斜め前に座ったタオス出身の女性と、母が日本の鎌倉出身だと語った日系アメリカ人男性のカップルと話し込み、ようやく店をあとにしたときには大急ぎで車を飛ばさないと夜までにデンヴァーにたどり着けない時間になっていた。

旅の醍醐味のひとつは、こうした不意の出会いであり、予期せぬ会話だった。見るべきものを見るだけの旅はつまらない。プランのある行程は、計画を破られてこそ意味があるようにも思う。準備もせず、予定も立てず、アポイントメントも取らず、行き当たりばったりで旅をして、なにが身体の五感に飛び込んでくるかはなりゆきにまかせてみよう――そんな言い訳のようなモットー、モットーのような言い訳を自分に発してはじめた旅だった。

「デンヴァーに着くまでどこも寄られへんやん」、時計を見てマコトが言った。

「そうだな」、僕が返した。

「ま、ええか。楽しかったし」

「全然いいでしょ」

悠然とかまえて先を急ぐ以外なかった。

デンヴァーに着く頃にはすっかり陽が落ちて、あたりは暗くなっていた。マリファナを解禁したことの影響がどのように出ているのか興味深くはあったけれど、見てまわっている時間はなさそうだった。儀式や儀礼、治療、疲労回復、苦痛緩和などにも用いられる薬草やハーブをめぐっては政治が濃厚にはたらく。だから、これをめぐって人びとがどのように（ときにヒステリックに）反応し、動き、語りを紡ぐのか関心があった。しかし、それは次回以降になりそうだった。

「デンヴァー、でかいな……」、ダウンタウンを車でまわりながらマコトがつぶやいた。

「そうだな。でかい」

「なんか、ブルーになってきた」

「ああ」

都市に戻ってきたのだ。喧騒と消費と鈍感とを強いられる都市に。身体のある部分の感覚を閉じ、別の部分を開かなければならなかった。そして、マコトはニューヨークに、僕は東京に戻るのだ。

路面をすべるトラムを眺めながら、しかし、僕らの心はタオスの墓や、ケワのプラザや、チャンプ宅の食卓にあった。

祭りのあと、川辺でお清めをするチャンプ。

チャンプ一家のポートレイト。左からディージャ、ティナ、チャンプ。

サンタフェのダウンタウンの一角。アクセサリー類が通りで売られている。

サンイルデフォンソ・プエブロ居留地にて。

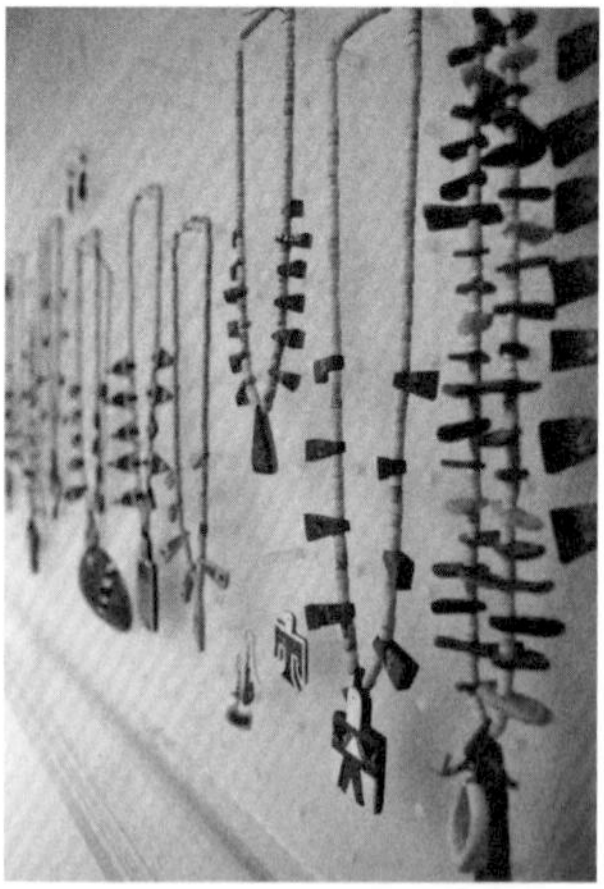

《シップロック》に売られていたケワのアクセサリー。みごとに洗練されている。

テスク・プエブロのフリー・マーケット。

居留地内の廃屋。

ニューメキシコの乾いた風景。

ヒッピー・コミューン？　入ってみたかったなー。

《ゴージ・ブリッジ》近くのコーヒースタンド。ちゃきちゃきしたクールなお姉さんがコーヒーを出してくれる。いいですね、こういうデザイン。

《ゴージ・ブリッジ》から下をのぞく。
恐！　怖！

タオス・プエブロ居留地内の墓と教会。凄惨な虐殺の現場になったという。

タオス・プエブロ居留地内。

上：ケワでのお祭りでいただいたパンとタマーリ。
中右：フライブレッドにトウガラシ。辛！　だけど、癖になる。
中左：チャンプの母親の家で出されたスープ。
下：《エスケズ・ブルワリー》での食事。看板には、生ビールリストに加え、「ピザ！」と一言ある。

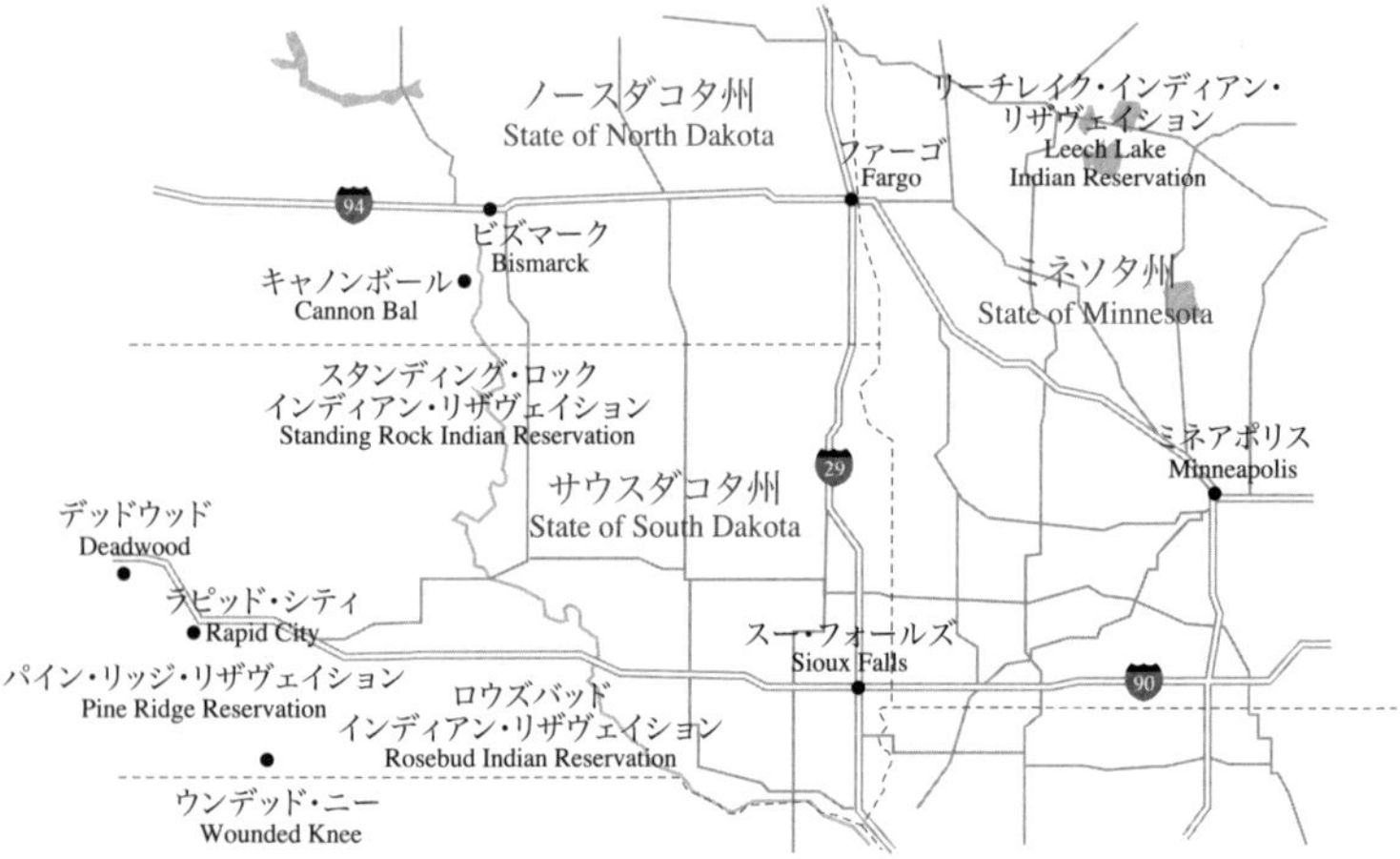
ノースダコタ州
State of North Dakota
リーチレイク・インディアン・
リザヴェイション
Leech Lake
Indian Reservation
ファーゴ
Fargo
94
ビズマーク
Bismarck
キャノンボール
Cannon Bal
ミネソタ州
State of Minnesota
スタンディング・ロック
インディアン・リザヴェイション
Standing Rock Indian Reservation
ミネアポリス
Minneapolis
29
サウスダコタ州
State of South Dakota
デッドウッド
Deadwood
ラピッド・シティ
Rapid City
スー・フォールズ
Sioux Falls
90
パイン・リッジ・リザヴェイション
Pine Ridge Reservation
ロウズバッド
インディアン・リザヴェイション
Rosebud Indian Reservation
ウンデッド・ニー
Wounded Knee

5
水を守る
Protecting the Water

ミネソタ州ミネアポリス〜ノースダコタ州〜サウスダコタ州、2017年それは異様な光景だった。

ボロボロの服を身につけ、プラカードや横断幕を手にした男女が、軍服のようなユニフォームを着た男たちによって放水され、犬をけしかけられ、催涙ガスを浴びせられていた。その光景は、異様ではあったが奇妙な既視感があった。権利を主張し、抵抗し、声をあげる者が、ユニフォームを身にまとい訓練された肉体によって痛めつけられる。既視感などという言葉では甘すぎるかもしれない。いまや、いたるところに散見し、退屈に感じる人すらいるのかもしれない。しかし、吐き気をもよおす光景だった。すぐに、一九五〇、六〇年代を通じてアメリカ南部に展開した公民権運動の現場を想い起こした。しかし、この光景を映し出した映像のキャプションは、それが二〇一六年の秋に起きていることを示していた。

二〇一七年八月。写真家の友人マコトと僕との行き当たりばったりの旅も、はじめてから六年が経っていた。今回の行き先に選んだのは、ミネソタ州、ノースダコタ州、サウスダコタ州の三州だった。ひとつには、ミネソタ州のリーチレイク・リザヴェイションを訪ねてみたいという想いがあった。一昨年のアラスカへの旅の最中、たまたま立ち寄ったみやげ店で手作りのサケの瓶詰めをふるまってくれた女性レイニーさんが、自分はリーチレイク・リザヴェイション出身だと語った。偶然出会った女性がネイティヴ・アメリカンだったわけだが、そのときからリーチレイクとはどんな場所なのだろうかとずっと気になっていたのだ。

いまひとつ訪れてみたかったのは、ノースダコタ州のスタンディング・ロック・スー族のリザヴェイションだった。二〇一六年の夏から秋にかけて、オバマ政権が終局を迎えようとするなかで、大方のメディアや専門家、知識人たちの予想を裏切り、暴言をくりかえす金髪の不動産王が共和党大統領候補となっていた。そのさなか、スタンディング・ロック・リザヴェイションでは大規模なプロテスト運動が起きていた。エナジー・トランスファー・パートナーズ社が、子会社ダコタ・アクセス・LLCを通じて建設中だった石油パイプラインのコース変更を発表し、それがスー族の土地を脅かすことがわかったからだ。エナジー・トランスファー・パートナーズ社は、「最も安全なパイプライン」としているが、当初からオイル漏れが指摘されるなど、ネイティヴ・アメリカンたちの土地と水の汚染が懸念されていた。なによりも、「先住民たちの神聖な土地」に、彼らの同意や許可なく開発の手をかけることは、許されないはずのことだった。

そして、冒頭に書いた衝突が起きた。たしかにそれは異様な光景だった。しかしまた、奇妙な既視感があった。二〇一七年の時点で、入手できる情報はかぎられていた。なにかがわからないとしても、その場所をあるいてみよう。そう思った。

八月一五日（火） 快晴、陽射しは強いが朝晩は涼しくて過ごしやすい

前夜は、ミネアポリス・セントポール空港でマコトと落ち合ったあと、ロウズヴィルの安宿に泊まった。そして翌朝、僕らはまず、リーチレイク・リザヴェイションを目指した。アノカという町を抜け、バクスターという小さな町で脂っぽいバーガーを昼食として食べ、さらに北上し、ルート八四に入った。

途中、ロングヴィルという場所で立ち寄った店で、オーナーのエヴァンさんの話を聞く。体が大きく気さくな人柄で、この地域について語ってくれた。

「俺はこのあたりの出身で、ずっとここに暮らしてきた。かつてはよく雪が降ったり、気温が華氏二〇度（摂氏マイナス六・六度）よりも低くなったりしたけど、ここ最近は雪も降らず、気温もそれほど下がらない。温暖化は嘘だとか言ってる人もいるけれど、記憶のかぎり、温暖化や気候変動は確実にある。季節がうしろ倒しにずれた感じがあるね」

店内には魚釣りの道具が置かれ、魚の説明つきイラストやカレンダーが売られていた。それについて尋ねると、エヴァンさんはつづけた。

「このあたりは、フィッシングも、ハンティングも盛んなんだ。ハンティングは鹿とか熊

（ブラックベア）。熊については、俺は自分で実際に見たことはないけど、親父がすぐ近くで見たって言ってた。最近もまた、よくこのあたりに現われるらしい。ブラックベアはそれほど大きくはないけれど、それでも気をつけないといけない。とはいえ、こちらからなにかしないかぎり、襲われることはほとんどない。魚は、ウォールアイやクラッピー、バス、パイクなどが釣れるね。

「そういえば、たしか日系人収容所の跡地がこのあたりにあるって聞いたことがある。でも、ちゃんと場所を知らないとわからないらしい。痕跡がほとんど残ってないらしくてね。きみたち、ノースダコタとかサウスダコタに行くなら、カスター州立公園とかバッドランズ公園に行くといい。おすすめだよ」

エヴァンさんの導きもあって、僕らはルート二〇〇を左折し、西に向かった。途中、リーチレイクが顔を出し、それを眺めて写真を撮る。

それにしても湖が多い。ミネソタは「一万の湖がある土地（Land of 10,000 Lakes）」を標榜しているが、実際には一〇エーカーを超える規模の湖が一万一八四二個ある。二・五エーカー以上のものを含めると、その数は二万一八七一にもおよぶ。ミネソタの語源は、ダコタ語の「濁った水」あるいは「透きとおった青い水」という単語にあるのだという。

夜はウォーカーという町にあるノーザンライツ・カジノのホテルに泊まる。このカジノは、オジブウェ族のリーチレイク・バンドによって経営されている。チェックインの手続きをすませているあいだ、マコトは少し離れたところにいる受付の女性たちと話をしていた。

「いま、話聞いてきたところや」とマコトが戻ってきて言った。

「なんか言ってたか？」

「おお、なんか、オジブウェっちゅう表記とチペワっちゅう表記の両方があるやん？」

「そういえば、両方見るな」

「あれは、オジブウェっちゅう名前が発音できなかったからチペワになったらしい」

「え？　そうなの？　表記が全然違うように見えるけど」

「せやな。でも、そうらしいで」

あとで調べると、たしかに両者は同じ語であり、その発音とアクセントの違いによってアルファベット表記が複数あることがわかる。Ojibwe, Ojibwa, Ojibway などを見ていてもピンとこないかもしれないが、たとえば Otchipwe といった表記を見ると、Chippewa にぐっと近づくのが見てとれる。

八月一六日（水）　雨

七時半起床。朝テレビをつけると、近隣のネブラスカ州での「悪天候 severe weather」が報じられている。嵐が北西に向かって移動中で、ヒョウが降ったり、洪水の被害をもたらしたりしている。ぎりぎりのところで今回の旅のルートにはぶつからないようだが、あと少しであやうく足留めをくらうところだった。

ホテルの二階にあるレストランで朝食をとる。綺麗で高級感のあるレストランだが、値段はそれほど高くない。

「この『ワイルドライス・オムレツ』ってなんやろな」、マコトがメニューを見ながら言った。

「なんだろうな。知らないな」

「ワイルドライスって、なんかすごそうやない？　たのんでみようや」

「おお、たのもうか」

ワイルドライスはこのときはじめて知ったのだが、マコモダケの一種で、最近ではアメリカの有名人たちが摂取するスーパーフードとして話題になり、日本にも徐々に入ってきているらしかった。食べてみると、拍子抜けするほどクセがなく、しかし独特の食感を残す。僕らにとっては食べやすく、気に入ったが、口に残るのを嫌う人もいるかもしれない。

ホテルをチェックアウトしてウォーカーの町に向かい、そこにあるキャス・カウンティ博物館に立ち寄る。入り口付近に設置された《時間の円環 Circle of Time》という彫刻作品に眼がとまる。彫刻家ジョエル・ランデル氏の作品である。約一万年前にこのあたりに住みつきはじめたとされる人びとを象徴する人物を中心に据え、それを取り囲むように一二体の人物像が配置され、タイムラインを形成している。それぞれの人物像が、歴史のなかのある局面をあらわしているのだ。たとえば、歴代の医者、教育者、軍人たちといったかたちで。そして、各人物像につけられたパネルにその小史が書かれている。アイディアは面白い。だが、公共性を担うあまり、極度に脱政治化されすぎているようにも思う。

建物のなかに入り、この博物館に勤める歴史家・学芸員の女性の話を聞く。

「私はドイツ系の出自でカソリックだったから、子どもの頃は排除の対象になった。うちの家族に子どもが六人もいたことも、ひとつの理由ね。カソリックの家族は、子どもが多いの。友だちの親たちに、『あの子と遊んじゃダメ』ってよく言われていた。でも、私の父親はすばらしい人で、ビジネスをやっていて忙しかったけれど、毎週末日曜日には午前中で店を終えると、午後は子どもたちがなにをしてもいい時間をつくってくれて、一緒に遊んでくれた。毎週末、黒人の家族と遊んだり、インディアンの家族と遊んだりした。それはこのあたりじゃ、とても珍しいことだったの。そもそもこのあたりには、黒人は一家族しかいなかった。父は先住民の男性を車で家まで送ったり、服をあげたりしてた。

「私はこの地域の出身で、ブラインド・デートで旦那と知り合ったんだけど、いまでも捨てられなくてね（笑）。あなたたちも、ブラインド・デートには注意してね！　いまはこのミュージアムの仕事をやっているけれど、ほとんどヴォランティアみたいなものね。年間での稼ぎが六〇〇〇ドルしかないから、とても低い給料でやってる。

「リーチレイク・リザヴェイションは、ドーズ法やネルソン法、それから一九五〇年代のインディアン・リロケーション法の影響で、土地の大部分が先住民ではない人たちに売却されてしまった。もとあった大きさから見ると、先住民たちが所有するのはごく小さな土地だけになってしまった。ヨーロッパ人の私から言わせると、それは彼ら先住民たちの所有の感覚がとても希薄なことに関係している。すべてを共有してしまうという先住民の考え方や文化に関係していると思うの。所有しているというだけで、なにか偉くなったような気になってしまうものだけど、彼らはすべてを共有してしまう。お金が手に入っても、共有してしまうし、貯金するという考えがないの。

「リザヴェイションの生活はひどくて、大変そうだし、意地悪な人も多い。とくにレッドレイク・リザヴェイションは乱暴で治安が悪く、こないだも殺人事件があったところ。どこのリザヴェイションもアルコールやドラッグ、貧困の問題を抱えている。でも私は祈ってる。彼らは変わらないといけない。変化していかないといけないの」

ミュージアムに入ったとき、この女性学芸員は第二次世界大戦を扱った展示の前で、別の訪問者に向かい、「私たちが戦争に勝ったのは……」と語り聞かせていた。話の内容が詳しく耳に入ったわけではないから、確信はない。誤解の可能性も大いにある。しかし、その話しぶりから、どことなくアメリカ軍のおこなう戦争の正当性への確信と誇らしさが感じられた。実際に言葉を交わすと、僕らアジア人に対しても礼儀正しい対応をみせ、相手についてなにも知らないことで偏見が助長されるのだと語り、偏見や差別の仕組みを少なくとも頭では理解している人だということもわかった。

それでも、疑問は残った。ドーズ法やネルソン法、リロケーション法など、一連のインディアン政策は、もともと各部族が共有・分有していた土地を解体し、白人入植者たちが個々人で所有できるようにする効果を持ったはずだ。部族の所有する土地を個人が所有できるようにした一八八七年のドーズ法は、部族での共同生活を営む先住民を貧困から救済するという名目のもと、部族の土地を白人が入手できるようにしたし、一八八九年のネルソン法も基本的には同様の働きをした。リザヴェイションを離れ、職業訓練を受け、一般人への同化を促すべく制定された一九五六年のリロケーション法は、都市部の先住民人口を飛躍的に伸ばすことになった。個々の法案の細かな意図や文言は違うが、大きな流れとしては、部族の共同生活や伝統を破壊する方向に作用した。強制力を持つ法が、そもそも固有の領土と主権を前提にしていることを考えると、入植してきた白人たちが勝手に打ち立てた領土のもとでの法を、「法」と呼び、認めてしまっていいのかすら疑わしい。

部族社会の抱えるアルコールやドラッグの問題はたしかに深刻で、これについては部族を中心に、社会全体からの介入も含めた取り組みが必要だとは思う。それはわかる。部族社会のすべてが正しいわけではなく、そこには数々の問題とあらわしきれない暴力がある。どの社会やコミュニティにもあるように。しかし、変わらなくてはいけないのは、「彼らインディアン」（だけ）ではないはずだ。むしろ、大きく変わらなくてはいけないのは、連邦政府や州政府であり、裁判所であり法律そのものであり、社会全体のマインドセットであり慣習行動ではないのか。虐殺、買収、強奪、改宗、殲滅《せんめつ》、同化、隔離、差別、抑圧——自らが信仰する神の眼下でこれだけのことをやってのけたヨーロッパからの白人入植者たちが、自分を省みて変わる必要がないばかりか、痛めつけてきた相手に向かって「あなたたちは変わらなくてはいけない」と言うことがまかりとおるなら、人類史を学ぶことにどんな意味があるのだろうか。眼前にいるこの女性がそうした暴力に直接手を貸したわけではない。けれども、その暴力の恩恵を受けていまここに立っているとしたら、その野蛮の継承問題をどう考えたらいいのだろうか。

数々の疑問が、暗い影の内側で明滅した。捉えきれないもの、割りきれないものが、余剰とは言いきれないほど膨張し、炸裂し、やがて匂いを放ちはじめそうだった。

「あなたたち、どこから来たの？」

別れ際に、女性はそう尋ねた。

「日本？　そう……。あなたたちが、私の日本人に対するイメージを変えてくれた。ナイアガラに旅行したときに日本人団体客がいて、ぶつかってもなにも言わないし、人を押しのけて見ようとするし、みんな態度がひどかったから、イメージが悪かったの」

この言葉が、腹の奥にしまい込んだはずのものをふたたび揺さぶった。冗談で茶化して言っているのではなく、真顔で彼女はそう言ったのだ。この言葉をどのように理解したらよいのだろうか。最初に僕らがこの博物館に入ったときの、彼女のあの警戒するような眼つきの理由は、もしかするとここにあったのかもしれなかった。建物のなかに大きく展示してあった日米開戦時の新聞の見出し「JAPS OPEN WAR ON US., BOMB HAWAII; 350 DEAD」が脳裏によみがえった。それにしても、たまたま出会った「態度の悪い人間」を、その人間の肌の色、民族性、性別、国民性などの、なんら不変的でも普遍的でも科学的でも客観的でもないが、根強くそう信じられている一連の恣意的なカテゴリーに結びつけて判断すること、それこそが偏見と差別の実態ではないだろうか。それでも急いで付け加えないといけない。

偏見はいけません、差別はいけません――現代の教育はそう説く。主要メディアも、良識的な大人もそう説く。しかしその一方で、「自分たち」とは異なるように見える「彼ら」の容姿、言葉、仕草、生活習慣、考え方、文化を、彼らの特徴として記し、表現し、理解する。「わたし（たち）とあなた（たち）は違う」と「わたし（たち）とあなた（たち）は同じ」とのあいだを、人は容易に行ったり来たりする。要するに、差異を強調する語り口と、平等を強調する語り口とが、社会や個人のうちに同居している。そして、ツヴェタン・トドロフが『他者の記号学――アメリカ大陸の征服』（及川馥・大谷尚文・菊地良夫訳、法政大学出版局）のなかでくりかえし述べたように、差異の強調は他者と自己との理解への第一歩には違いないが、それはいつしか優劣を含む差別に結びつき、平等の強調は人類愛でありし聞こえはよいが、信じて疑わぬ自分たちの基準への同化に行きつく。

書籍や映画や報道、あるいは実体験であれ、部分的な知識を獲得するなかで一般化をおこなうこと、部分から全体を類推すること、これが偏見の実態だとすると、偏見のない人間などいない。ここに介入の余地があるとすれば、理解のあり方、あるいはこう言ってよければ学習のプロセスのあり方をめぐってということになるかもしれない。「彼らはこうである」という等式のような理解を積み上げていくことが通常の学習だとされ、とくに学校教育ではそればかりが強調される。だが、「彼らはこうである」と同時に「彼らはこうではないかもしれない」「彼らは別のようであるかもしれない」、あるいはさらに踏み込んで、「彼らとは違うと思い込んでいた自分たちもこうではないかもしれない」と等式を崩すこともまた、学習のプロセスとして強調されてよいのではないだろうか。等式を積み上げることばかりが学問を発展させてきたわけではない。疑われなかった前提を疑うこと、別の枠組みを考えてみること、異なる問いを立ててみること、これらもまた理解のあり方にとって重要な営みだったことを考えるなら、反論や反省や代案を考え、それを受け容れることもまた、学習プロセスの重要な要素として認め、教育のうちに取り込む必要があるのではないだろうか。

そして、もうひとつ介入の余地があるとすれば、それは制度的差別のレベルにおいてだろうと思う。偏見と差別とは、異なるメカニズムをとる。偏見は共同体のなかで社会的に育まれ、制度のなかで継承されるけれど、個々人の意識のうちにとどまる。他方で差別は、制度と強く結びつき、実際に特定の集団や個人に不利益を被らせる。偏見が差別を生む場合もあるし、差別的制度の存続が偏見を補強し更新する場合もあるが、必然的に結びついているわけではなく、いわば似て非なるものである。個人の抱く社会的に醸成された偏見への介入も必要だが、偏見が制度上の差別に直結すること、差異化が差別となって暴力に結びつくことは、それ以上に避けなければならない。他者をめぐる偏見が政策や法案に反映されると、まずろくなことが起きない。歴史がそれを教えてくれる。ところが現在進行形の渦中にいると、そのことに気づかない。まずはそのことを認めないといけない。わたしたちは、偏見から自由になることもないし、差別を実践し差別的制度をつくってしまう。しかも、差別を正当化するときには、科学や哲学や美学が積極的に用いられる。わたしたちは、科学や美学を用いて間違いを犯す。政策、法案、組織的判断の手続きの第一原則に、そのことを明記しておかないといけないのだ。そうしないと、また同じ間違いがくりかえされる。

想念が歴史のなかで流された体液のうちをひた走りながら真紅に染まっていき、腐臭をはなって妄想へと転化し、沈鬱な未来を映し出していた。もう行かなくてはいけない。

僕らは学芸員の女性にお礼を言って別れた。

「ええ人やん」と外に出てからマコトが言った。

「まあな」と僕は言葉を濁した。

「最初はもっと嫌な感じの、アジア人を見下したような、いかにもな白人なんかと思ったけど、ちゃうかったな」

「俺も入ったときはそう思った。ほかの客に戦争の説明をしながら、『私たちが勝ったのは

「……』とか何度も言ってたしな」

「あ、ほんま？　でも、あの『ジャップ』って見出しの新聞は強烈やったな」

「たしかに……」

真珠湾攻撃のあった時点で、ミネソタ・モーニング・トリビューン紙の一面見出しを考えた記者なり編集担当なりが、「ジャップ」という言葉にどれくらいの侮蔑の意味合いを込めていたのかは、冷静に調べてみる余地があるかもしれない。しかしそのこと以上に、誤解のないように明記しておかないといけない。この女性が悪いのでは決してないということを。むしろ、彼女は自らの偏見を認めたうえでそれを正そうとしたのだ。それ以上にすばらしいことを、人ができるとは思えない。

ふさぎ込んでいく個我の妄想を振り払いながら、僕はその場をあとにし、マコトとともにウォーカーの町なかを散歩した。そして、偶然見つけたカフェでブリトーをかきこみ、リーチレイク・リザヴェイション内にあるリーチレイク・トライバル・カレッジを目指した。

到着して建物に入ると、偶然そこに居合わせたタラさんが対応してくれる。とても感じのいい女性で、ひととおり施設内を案内してくれたあと、この二年制の短大の健康センターの所長であるマットさんを紹介してくれた。

マットさんもまた、とにかく親切で、いろいろな話を聞かせてくれる。

「このあたりに来るのははじめてかい？　西海岸はゴールド、南部は石油、そしてこのあたりミネソタだと材木が開発の対象になったんだ。それで、インディアンたちはそれに合わせて移動を強いられた」

先にあげた一連のインディアン政策、とりわけ一八八九年のネルソン法によって、白人たちは部族の土地に入り込み、材木の伐採を進めることが可能になったわけだ。僕らがノースダコタに向かうことを告げるとマットさんはつづけた。

「ノースダコタは、とにかく貧しい。インディアン・リザヴェイションに、開発資源がなにもないんだ。ここリーチレイクも貧しいけど、あそこに比べたらすばらしいと思えるくらいに、ノースダコタにはなにもないんだ。

「レッドレイク・リザヴェイションは、ここやホワイトアース・リザヴェイションと違って、クローズド・リザヴェイションなので、外部の人を受け容れない体制になってる。部族の警察や裁判官が、州や連邦の警察とか裁判所と直接につながっていて、郡などとは協力関係にないんだ。リザヴェイション内でミネソタ・ナンバーの車を運転しているだけでも、車を止められ、なにをしているか聞かれる。だから、なかなか入るのが難しいコミュニティだと思う。

「ダコタ・アクセス・パイプラインの抗議活動があった場所はキャノンボールというところだけど、いまはもう人は集まってないと思う。あとはパイプを地下に埋める作業を待つだけという状態のときにオバマがストップをかけたのだけど、トランプが大統領に就任してからは、すぐに計画へのゴーサインが出て完成してしまった。すでに石油漏れが報告されていて、漏れるとその地域の汚染を取り除くのには相当の時間がかかる。石油だけが漏れるのではなく、輸送に必要な化学物質もすべて漏れだすことになるから。

「ワイルドドライスは耕作することもできるんだけど、味が違ってしまう。本来は野生してるものを収穫する。そろそろ収穫の時期が近づいてる。カヌーで川に出ていって、そこで穂から落としていくんだ。時期さえ合えば一緒に連れていくこともできたんだけど」

マットさんがとにかく親切にいろいろな話を聞かせてくれた。そして最後には、おみやげにとワイルドドライスのパックを僕らに手渡した。

その後、タラさんが三年前に新設されたという図書館に案内してくれる。本の総数はそれほど多くはないが、設備は整っている。大学へのリクルートの仕事を担当しているというタラさんは、最後まで僕らに付き添い、大学についての話を聞かせてくれた。目下の課題は、資金を工面して大学に付属する住宅を建設できるかどうかだと彼女は言う。ハウジングがないと、遠くから学生が来ようと思っても滞在できず、大学に通うことができないのだ。

アポなしで飛び込んだにもかかわらず、最後まで至れり尽くせりで歓待してもらい、ワイルドドライスや大学のグッズなどのおみやげまでいただいた。途中で紹介された地元アーティストのアーネストさんは、しばらく話して別れたあとに再度追いかけてきて、自分の描いた絵のポスターをプレゼントしてくれた。何度も感謝を伝え、僕らはベミジまで移動した。

八月一七日（木）　朝方は寒く小雨、途中から雨はあがり、午後は晴れて暑くなる

朝起きると、バルセロナでヴァンが歩行者に突っ込むというテロがあり、一三人が亡くなり、五〇人あまりが怪我を負ったことが報じられている（のちの報道で負傷者の数は一三〇人以上にふくれあがった）。アメリカ国内では、旅の出発直前、ヴァージニア州シャーロッツヴィルで、白人至上主義者によるヘイトデモとその反対勢力とが衝突し、ひとりの女性が死亡するという事件が起きていた。いま、その事件をめぐり、トランプ大統領が「両サイドに問題がある」と発言したことがニュースでとりあげられている。この発言は当然のごとく非難を招き、政権と連携していた企業のCEOたちが離脱を表明しはじめていた。

僕らはまず米国最大の河川であるミシシッピ川の源流があるアイタスカ湖を訪れた。車を停め、泥道のぬかるみに気をつけながら、川の流れの音を耳に森林のなかを抜けていくと、視界がひろがり、湖が姿をあらわした。離れたところにワイルドライスが生えているのが見え、小さな手漕ぎ舟がそのあいまを移動している。収穫だろうか。静かな湖で、これといってなにか特徴があるわけではない。しかし、この湖水が南下しながら、最終的には六年前の旅で訪れたニューオーリンズへとつながり、メキシコ湾に注ぐのかと思うと、感じ入るものがあった。

湖をあとにし、なにもない田舎道を車で進んでいくと、「ワイルドライス」という看板が

眼に飛び込んできた。車を再度停め、その看板のあるデリのような場所に立ち寄る。ガスステーションを兼ねた小さなお店で、食べ物、飲み物のほか、洗剤などのちょっとした日用品を置いている。

店のオーナーのリンダさんが話をしてくれた。

「この店はね、父が持っていたものを、父が亡くなったあとにゆずりうけたの。もともとわたしたち夫婦は、ウィスコンシンに住んでいたんだけど、引っ越してきて、いまリノベーションしているところ。昔は写真をたくさん撮ってたけど、いまじゃほとんど撮らなくなってしまった。でもアートをいまでもつづけていて、店の看板とかそういうものをつくってる」

リンダさんはそう言って、自分でつくった店の看板を見せてくれた。そして、ワイルドライスに興味を示す僕らに向かって、収穫の仕方を説明してくれた。

「ワイルドライスの収穫の時期はもう少しあと。そうね、あと一週間くらいね。いまちょうど実って熟してきているところよ。湖にカヌーを出して、二人組でとるの。ひとりが漕いで、もうひとりが先頭に座って、二本のスティックを使ってとる。一本でたぐりよせ、もう一本で実を落としていくの。交互にやっていくから、うまい人がやるとリズムができて、音が鳴って、ダンスしているようになる。わたしはあまりうまくないから、カヌーを漕ぐ。夫がいつも収穫をやる。体験したければ、一日ライセンスみたいなものもあるみたいよ」

そうして話題は、先住民コミュニティのことにまでおよんだ。

「このあたりのインディアンのコミュニティは最もさびれていて、多くのドラッグ問題を抱えてる。そういう地域と白人のリゾート地区が隣接していたりもする。ひどいところでは、年金などの保証金がチェックで届いた郵便受けが狙われ、年寄りたちのお金が奪われる。今朝もドラッグの使用者たちが移送されていったわね。あの有名なドラッグ、なんていったっけ？　メサドンだっけ？　このあたりはずっと長いこと経済が停滞してるの。国内では二〇〇八年以降、ひどい打撃を受けた地域が多い。大都市と違って、ここではその影響はそれほど大きくはないけど、それでもずっとつづいている状態ね。大きな湖に石を落としたような感じよ。私たちはほとりにいるから影響は小さいけど、ある意味では二〇〇八年以前からずっと不況がつづいているといってもいい。

「インディアンのコミュニティの状況は本当に悲しい。土地を奪われ、そのあと土地をあてがわれたけど、うまく活用できなかった。それで、税金をかけられ、払えずに没収され、結局自分たちのものにできなかった。土地をあてがって、あとは丸投げなんて、ちょっとありえない。そんなこととしてはいけなかったのよ。でもいまでは、アルコールとかドラッグの問題だらけで、出入り禁止にせざるをえない客もいる。あなたたちがインディアンの文化に興味あるなら、とくにひどいエリアをいまから教えるから、観にいってみるといい。ただし、気をつけてね。アウトサイダーはとくにね」

リンダさんは、地図をコピーして、このあたりのコミュニティのまわり方を教えてくれた。

言われたとおりに道を行く。たしかに荒廃した住宅があるが、それほど悪い印象を受けない。貧困といっても相対貧困のようにも思える。もう少し時間をかけて丹念にあるかないと、実情はわからないのかもしれない。

ホワイト・アースに立ち寄って《フランスの蛙》と命名された小さな簡易食堂で昼食をとったあと、リッチウッドやファーゴを通り抜け、僕らはビズマークへと車を走らせた。ファーゴからビズマークまでの高速道路は、「最も退屈な道」だといろいろな人に忠告されていた。たしかに、まっすぐな道だけがつづくうえに、あたり一面がすべて平原なので、とくに見るべきものがないといえばそうかもしれない。夕暮れどきに西に向かって走ると、ちょうど太陽を追いかけていくことになるので、なかなか陽が沈まないのだとも教えられた。僕らは、陽を追いかけながら、一直線に延びた道をひたすら前へと進んだ。両脇に、巨大な貯蔵庫が出現したり、緑色のコーン畑がひろがったり、トランプ大統領支持の大きなポスターが貼ってあったり、茶色がかった干し草のロールが転がったりするのが視界に入った。

ビズマークに到着し、夜は地元のステーキハウスでリブアイを食べる。注文する際にステーキ肉についてあれこれ質問していると、「肉の熟成のさせ方を知りたいか」と訊かれ、そのまま店内奥にある熟成室に案内された。温度と湿度とを調整された部屋の棚に、熟成度合いの異なる肉塊が並んでいる。棚によっては、熟成肉の隣にジャック・ダニエルやメイカーズ・マークが置いてある。

サーヴしてくれた若いメキシコ人の男性は、五年前にこの土地にやってきたと言って、話をしてくれた。

「このあたりは、なにもないよ。うちの親父が環境問題に取り組む研究者で、石油を掘ることによる環境への影響を調べてたから、家族でここにやってきたんだ。高校に通ったあと、いまでは僕も大学に通ってる。そして、やっぱり環境問題に関心がある。大学では日本人も、ひとりだけだけど、いたね。メキシコ人家族は僕らだけで、あまり多様性のない場所だった。数年前から少しだけ経済が上向きになってきた。たぶん石油の影響じゃないかなと思うけど。それで新しい住宅が建ったりして、少し多様な感じも出てきてるけど、それでもここは主に白人の地域だよ。南に行くと経済階級が下がって、北に行くと上がるんだ」

石油を掘り、環境を壊すと経済が上向く。

皮肉といえば皮肉だが、あたりまえといえばあたりまえな話だった。人が生きていく以上は、必ず環境に負荷をかける。問題はその負荷のかけ方であり、環境破壊の度合いだった。人間か自然か、文化か自然かという問いを立ててはいけなかったのだ。

八月一八日（金）　晴れ、陽射しが強い

六時に起床。起きてすぐに日誌を書く。旅の記録である日誌は、たいてい夜につけるのだが、睡魔に負けると早朝の格闘となる。七時半から少し眠り、八時過ぎにふたたび起きだす。

眠い。

　モーテルのさえない朝食をとったあと、近くのカフェにコーヒーを買いにいき、そこからキャノンボールに向かった。

　キャノンボールは、ひたすら住宅ばかりが建ち並び、道に迷った気がしたが、さらに奥に進む。車を停めて外に出ると、いくつもの種類の鳥の鳴き声が混じり合って耳に入ってくる。一羽だけ、高音で鳴く鳥がいる。なんという種類の鳥だろうか。姿は見えない。背景には、虫たちの声が立ち上がり、時折、羽音が近づいては遠のいていった。

　さらに徒歩で道を奥へと進んでいくと、二人の男性が木材の欠片らしきものをかき集めて、なにか作業をしていた。話しかけると、どうやら二人はパイプライン反対運動のキャンプの片付けをしていたようだった。手にしているのは、使用済みのプラカードなどだという。質問をすると二人とも親切に応えようとしてくれるが、あまりはっきりとすべてを話せる立場にないようだった。あるいはそうする力がないのか。それでも二人は、自分たちも運動の一端を担ったのだと語った。

　男性のうちのひとりが、濃い紫の実がたくさんなった枝を折って、その場で僕らに渡してくれた。チョークチェリーだという。口に入れると渋みが感じられるが、やがて種を吐きだす頃には甘みがひろがった。

「めっちゃうまいやん」と言いながら、マコトがひたすらチョークチェリーを口に入れては種を出していく。たしかに、うまかった。

もうひとりの背の高い男性が語る。

「向こう岸に土手が見えるだろ？　あの下にパイプラインをとおして、その過程で土を掘り起こしたりしたもんだから、俺たちは闘ったんだ。俺はここの部族の出身で、ラコタ語を話す。北ではダコタ、南ではラコタって呼んでる。互いに理解はできるし、同じ言葉だけど、ちょっと発音が違うんだ。俺らはこの土地のことなら、なんでも知ってる。奴らは知らずにこの土地にパイプラインを持ってきたんだ。でも、一万人もの人が集まってきて抗議をした。それで止めることができたんだ。いまは止められたから解散してるけど、別のパイプラインの計画がある。そうしたらまた人は戻ってきて、キャンプをして抗議をするだろうね」

二人と別れ、さらに散策していると、キャノンボール川とミズーリ川とが合流する場所を見渡せる高台に、膝を抱えて座り川を眺める大きな赤色の人物彫刻が、突如として姿をあらわした。作品の足元には、石や貝殻、キャンドル、木片、装飾品など、いろいろなものがお供えのようにして置いてある。人物像の横に立って川を見つめると、穏やかで美しい絶景がどこまでもひろがり、九ヶ月前に暴力的な衝突の現場になっていたことが想像しにくい。天気がよく、暖かいことも関係あるかもしれないが、雄大な自然の風景が暴力や破壊の痕跡を覆い隠してしまい、気をつけていないと想像力までもが蝕まれていく。あたりの草の上をあるくと、複数の虫たちが飛び交う。時折、大きな羽音をたてて赤色の虫が視界を横切った。

眼を閉じると、背後では鳥たちがさえずっていた。しかし、さらに耳を澄ますと、遠くで車のエンジン音がした。

あとから調べるとこの彫刻は、チャールズ・レンカウンター氏による《恐れずに見つめる Not Afraid to Look》という作品であることがわかった。レンカウンター氏は、ロウワー・ブルールのラコタ族で、もともとパイプ彫刻の職人たちによってつくられていた《恐れずに白人の顔を見つめる Not Afraid to Look the White Man in the Face》と呼ばれる伝統的な作品に影響を受け、それを今日的な状況のなかによみがえらせるプロジェクトを思いついた。同じくアーティストである妻のアリシア・マリー・レンカウンター＝ダ・シルヴァ氏と議論を重ね、二人の協業で最初の彫刻をつくった。この最初の作品は、サンタフェにある現代ネイティヴ・アート美術館に設置されている。その後、二〇一六年夏のスタンディング・ロック・スー族たちの「水を守る者たち《ウォーター・プロテクターズ》」の呼びかけに応じるかたちで、二作目をこの場所につくったという。

「自分の時間と技術をかけてこの作品を手掛けたのは、そうしなければと感じたからです。『恐れずに見つめる』（という作品）が、いままさに起きていることを直接見つめている必要があったのです。今日アメリカ政府が認めるよりもはるかに広大な私の祖先の土地に、破壊をもたらす人びとの眼を見据えるかたちで」とレンカウンター氏は書いている。見つめること――この一見単純に思える営みに、彼は並々ならぬ潜在力と勇気とを見いだしている。

見る、診る、観る、視る、看るなどの複数の漢字だけでなく、look、watch、see witness、observe、stare、gaze などの語のヴァリエーションが、すでにこの営為の複雑でニュアンスに富んだありようを告げている。だが、それだけではない。そこから派生してレンカウンター氏が見いだすのは、注視すること、見守ること、目撃／証言すること、見抜くこと、見切ること、看取ること、見返すことなどの、日々の生活のなかでの実際的な応答の可能性なのだ。しかもそれは、監視や管理、統治、抑圧、差別、傍観、諦観などの悪意から好奇まで、さまざまな視線にさらされてきた者たちの、反逆と抵抗のまなざしである。

歴代の職人たちによって手掛けられた《恐れずに白人の顔を見つめる》を見たときの連想を、レンカウンター氏は次のように書いている。

「武器を持たずに大地に座り、恐れることなく嵐の目のなかをまっすぐに見つめるのに、どれだけの勇気が必要だろうか。それは、敵の命を奪うことなく、ただ触れるということだけが要求されるという意味で、カウンティング・クー〔棒や素手で敵に触れることで威信を勝ち取る行為〕にとても似ている。眼で、まなざしで、敵に触れることは、最高の名誉、勇気、思いやりの証しなのである」

大自然のひろがるなかに異形の赤い巨体が座っていると、コンテクストにズレが生じているようにも見え、都市部ならまだしもこのような地にパブリック・アートが必要なのかどうか疑問視したくなる。だが、彼の声明文にはうごかされるものがあった。まなざしを持つのは、人や動物や虫やこの彫刻だけではない。草木も花も果実も、それを支える水も大地も、すべてまなざしている。そのことがリアリティをもって想像できるためには、しかし、この彫刻が必要なのかもしれなかった。

僕らはその場をあとにし、ガスステーションに立ち寄った。体の大きい先住民男性の店員が「NO DAPL（ダコタ・アクセス・パイプライン反対）」のロゴが入ったTシャツを着ている。隣にいた先住民女性の店員に、この近くにヴィジター・センターやカルチュラル・センターなどの施設があるかどうかを尋ねると、「この店はチーフの店なんだけど、いつもここにいて働いてるから、ほかの場所でどういうことがされていて、なにがあるのかわからないのよ」と笑いながら言い、いろいろと調べてくれた。

この女性に教えられたとおり、僕らはフォート・イェイツにある部族議会に向かった。入り口にいた女性二人、男性一人と話す。男性はダグ・クロウゴーストさん。彼は、女性二人を「水を守っている人たちだ」と紹介した。パイプラインの抗議活動に参加していたらしかった。ダグさんは「NO DAPL」のTシャツを僕らにくれ、ケリー・モーガンさんという女性を紹介してくれた。

「あなたたち、日本から来たの？」とケリーさんは元気よく切りだした。「そういえば、日本からもテレビのカメラクルーが来て取材していったね。ドキュメンタリーをつくってるって言ってた。あのときは、一番大変で混乱している時期だったわね。いまはかなり落ち着いているけど。そうそう、日本の北海道大学からも研究者がひとりやってきた。パイプラインは、オバマ政権下で一度止められたのだけど、トランプが就任してすぐに状況がひっくりかえって、認可が下りてしまった。でも、環境アセスメントをめぐる不正を訴えて、それが認められたからトランプの決定は違法になったの」

帰国後の二〇一七年一〇月には、アメリカ陸軍工兵隊が環境アセスメントをやりなおすあいだ、ダコタ・アクセス・パイプラインを稼働してよいという判断を裁判所が出したため、ふたたびパイプラインは動きはじめた。複数回にわたるオイル漏れが報告されるなか、事態は緊張したままになっている。また、二〇一六年にここで起きた反対運動を抑え込むために、パイプラインを建設したダコタ・アクセス・LLCが、警備会社タイガー・スワンを雇用したことがわかっている。タイガー・スワンは、抗議活動を取り締まる際に、各州の警察と連携し、「対テロ戦争」に用いられる制圧戦術を抗議者たちに適用したとされる。そのため、複数の逮捕者を出しただけでなく、複数名が常軌を逸するほど過酷な扱いを受けることとなった。

話がひととおり落ち着くと彼らは、近くにあるシッティング・ブルの埋葬地まで車で僕らを連れていってくれ、一緒に写真撮影に付き合ってくれた。シッティング・ブルは、ラコタのハンクパパ族の高名な闘士とされる人物である。

「シッティング・ブルはね、いいたとえかどうかわからないけど、私たちにとってのネルソン・マンデラのような人物ね」とケリーさんが言った。「でも、自分の仲間である同胞によって殺された。最初に埋葬されたのがこの場所。そのあと、ここからもっと南に行ったところに埋葬しなおされたと言われたり、家族がカナダに連れて帰ったと言われたり、家族が盗まれるのを恐れて骨を全部溶かしたと言われたり。いろいろな噂があるの」

僕らは何度も感謝の気持ちを伝え、そこからまたひたすら車を走らせた。

トウモロコシ畑がつづいたと思ったら、幾度となくひまわり畑が顔を出し、視界を黄色く染めた。高度が上がったと思ったら、平原がひらけ、絶景のあいまに牛や馬やバッファローや羊が、悠々と草をはんでいるのが見えた。リザヴェイションの内も外も、行けども行けども雄大な景色がひろがり、アルコールやドラッグ、貧困、環境破壊の痕跡が見えない。

時間だけが過ぎていった。沈む頃になって熟した太陽が、妖艶を見せつけるようにして沈んでいく。大きな線香花火の先の餡玉を見ているようだった。そして、あっという間に落ちて消えていった。

夜になってデッドウッドに到着したが、時間が遅いので夕食は昼飯の残りのピザを食べ、眠りにつく。

八月一九日（土）　快晴

朝七時半起床。昨夜は睡魔に襲われて書けなかった記録を書く。近くのカフェで朝食をとり、デッドウッドの町を散策する。この町にはかつて地下に中華街がひろがり、その痕跡がいまでも残っているという。マコトがそれに食いついた。

「ヤバいな、それ。見にいこうや」

「ああ、行くか」

「なんや、テンション低いな。地下に中華街やで。ヤバくない？　村上春樹も『辺境・近境』で書いてるらしい」

「そうか……」

　そんなわけで僕らは、《ゴールド・ナゲット・トレーディング・ポスト》という店を訪れる。だが、改装工事中とかなんとかで、地下が閉鎖されていて見ることができない。行き当たりばったりの旅だから仕方がないが、運が悪い。それでも、降りてはいけないという階段を降り、入っていけない場所まで行ってじたばたとしばらくねばってみたが、店員にあきれ顔でダメだと言われてしまった（やはりダメか……）。僕らはあきらめて、当時地下に展開していたと言われる中華街を頭のなかで妄想しながら、デッドウッドを出発した。

　そのあとに立ち寄ったマウント・ラッシュモアは、駐車場入り口で車の行列ができ、軽い渋滞のなか、駐車料金を払わされてなかに入ると、相当数の観光客がひしめき合っていた。有名な観光地だから当然だが、大統領たちの顔をこれみよがしに大きく表現しただけの、いわばひどく帝国主義的な彫刻に、これだけの人びとが群がるのかと思うと、僕らもそのうちの二人なはずなのに、なんとなく気分がふさぎ（マコトと僕の癖だ）、結局公園のなかまで入ることはせず、引き返して車に乗り、次の目的地バッドランズを目指した。

車を走らせ、レッドシャツという小さな町を通り過ぎ、坂を上がったところでバッドランズの地形を眺められるポイントがある。車を停め、外に出ると、見たことのない異形の土地がひろがっている。灼熱の太陽に焼かれ白くなった砂岩がどこまでもつづき、しかし、眼の前で巨大な隕石が落ちてできたかのような崖があり、クレータのような大穴があった。おそるおそる崖の際に立ち、下をのぞき込み、耳をすますと、虫の声がやんで風の音がした。時折、遠くで鳥の声がした。

ここは眺めのよいポイントで、数は少ないが、車を停めては降りて見にくる人がたびたびいる。そして、その場所でテーブルを出して、みやげ物を売る男たちがいた。その一角をフェルナンドという若い男が切り盛りしていた。マコトが直感をはたらかせ、スペイン語で話しかけると、フェルナンドはうれしそうな笑顔を浮かべて応じた。

「俺はレッドシャツという町に住んでるんだ。でも、もともとはメキシコ南部のオアハカから来た。ベネビエシェという部族の出身なんだけど、五年前にここ、パインリッジ・スーにやってきた。そういや、ここには日本人のタダシという男がよく出入りしてる。サンダンスのときになると、タダシがいろいろな人を連れてきて、料理してくれて、みんなでずっと踊って過ごすんだ。餅をつくって食べさせてくれたこともある。君らも今度おいで。八月の最初の日曜日が最終日になる。木金土日と四日間でやるんだけど、水曜日はバッファローをさばく日なんだ」

オアハカの先住民とパインリッジ・スー族とのあいだに交流があるのだろうか。尋ねるとフェルナンドはそうだと言う。だけど、それ以上に詳しい話はわからなかった。国境を越え、部族ごとの境界を越えた人の移動が普通にあるのだろうか。この場所にやってくるタダシとは誰なのだろうか。興味は尽きなかったが、先を急がないといけない。フェルナンドに別れを告げ、僕らはさらに車を走らせ、ウンディッド・ニーに向かった。旅を計画していた当初の予定にはなかったが、ここまで来たらこの歴史的な虐殺の現場になった場所を訪れないわけにはいかなかった。

ウンディッド・ニーの虐殺は、アメリカの先住民史を少しでも紐解いたことのある人なら必ず知っている有名な事件だ。一八九〇年一二月二九日、多くの女性と子どもを含むスー族のインディアンたちが無惨に殺された。その数は一五〇から三〇〇人とされている。

到着して車を降りると、虐殺の現場になったことを告げる赤色のプレートがある。質素なものだが、かえってなまなましい。そのうしろに、三つほどブースが設けられ、先住民の男女がみやげ品を売っている。話していると、あれはどうか、これはどうかとみやげ品をすすめられたうえに、けっこうな高値をふっかけてくる。値段のつけ方も売り込み方も、なにか気になったので、僕は買わなかった。しかし、マコトは小さなアクセサリーを買った。

ブースの向かい、通りをはさんだところの小さな丘に墓地がある。聞くと、虐殺後の遺体はそこに埋葬されたという。そこまで上がっていくと、今度は女の子が寄付をつのりにくる。おみやげは買わなかったが、寄付ならと思い、お金を渡す。さらに墓地の入り口付近に近づくと今度は、セージを買わないか、高校に行くお金が必要だ、などと言って別の子どもに寄付を求められる。さっき別の人物にお金を渡したばかりだと言って断り、奥の教会に入っていくと、どうやらそこはそのままコミュニティ・センターになっているようだった。なかにいた細身の若い女性が話をしてくれる。

「この場所はもう役に立たないということで一度閉鎖されたのだけど、少し前から復活させたの。子どもたちが来て遊んだり、コンピュータを使えたりする、そういう場所にしたいって思ってる。けれど、まだ水が引けてなくて、それを実現するためにはもう少しお金が必要なの。でも、コミュニティのメンバーから嫌がらせを受ける。寄付が集まって、お菓子やジュースがあったのに、全部荒らされて盗られたこともある。今朝も、不法侵入者がいて、そんなだから基本的にはわたしがこの場所を開け閉めして、管理することにしてる。グレーのヴァンで乗りつけてくる男が必ずいて、そいつが入り口あたりで張っていて、行き交う人たちから寄付だとかいってお金をまきあげて持ち逃げしたり、本当に嫌がらせがひどいの。で、そのお金はアルコールとかドラッグに消えていく。

「隣に、『ミュージアム』ってうたってる建物があるでしょ。あれはミュージアムでもなんでもなくって、来る人たちからツアーと称してお金をとって、そのお金はアルコールに消えていくの。毎晩パーティをしてるみたいで、大きな音が聞こえる。家族でそこに暮らして、壁にいくつかの絵と写真を飾ってるだけでミュージアムって呼んでるのよ。ここに先に来た人には、あそこには行かないようにって注意を呼びかけるんだけれど、それでも行ってしまう人もいる。

「もともとわたしの父親はミネソタ州レッドレイクの出身で、わたしもそこで生まれたの。そのあとでこっちに引っ越してきて、あそこに見えるトレイラーハウスで育った。いまは子どもたちと一緒に別の家に暮らしている。この場所の代表と副代表がいて、わたしはセクレタリーをやってる。本当に問題だらけだけど、この場所にいるかぎり、これをやりつづけていくしかないって思ってる」

すさまじい勢いで、女性はこの場所の困難を語った。数々の妨害、嫌がらせ、トラブルに囲まれながら、貧困のなか子育てに追われ、それでもなお、凜と上を向いて立ち、闘い抜こうという覚悟がみなぎっていた。そして彼女は、僕らになにも要求しなかった。寄付金を求めなかった。ただ、ひたすら現状を語った。口調にはなにか悲痛なものがあり、眼の奥には疲労があった。短いやり取りだったにもかかわらず、別れたあともなぜか脳裏を離れない。

うしろ髪を引かれる思いで車を走らせ、マーティンという小さな町のモーテルに泊まることになった。夜は、近くのバーでピザとビール。ジャンクフードがつづいている。この町もまた、白人ばかりだった。

八月二〇日（日）　快晴、陽射しが強い

マーティンで宿泊した宿の受付に、若い青年が座っている。チェックアウトするときに言葉を交わす。ドイツ生まれで、アラバマとニューメキシコで育ったという。この少年のような若い男はアダムさん。ポケモンと遊戯王が大好きだということで、ゲームのことをひたすら話題にして振ってくるが、マコトも僕もチンプンカンプン。それでもかまわず、少年は軽快に、どこまでも軽く、すさまじい速さで話してくる。どういう経緯でこの小さな町に住み、働いているのか尋ねると、父がここのリザヴェイションの出身でここに戻ってきたとのこと。

「父はインディアンだけど、母はワシチュ（白人）なんだ」

と少年は言った。

「リザヴェイション内に、部族だけの暮らすコミュニティと、そうじゃなくて部族以外の人間が暮らすコミュニティがあるんだよ。フェンスでしきられてる。カジノがある場所は部族の敷地で、あいだにフェンスがある。かつてはそこにバーがあった。部族の敷地内は、州の警察も入ってこれないんだ。たとえば、外で事件を起こしてもね、フェンスを越えて部族の敷地内に入るとオッケーってなる」

少年は冗談めかしてそう言い、小さく笑った。

話題にでたカジノに行ってみた。イースト・ウィンド・カジノ。これまで見てきたカネの匂いのぷんぷんする大規模カジノとは違い、ずいぶん小ぢんまりしている。なかに入ると、タバコの匂いが濃厚に漂っていた。女性客が多い店内をぐるりとまわり、すぐにその場を立ち去った。

僕らは先を急いだ。工事中で迂回しなければならず、途中、舗装されていない道をずいぶんと長い時間走ることになった。なにもない砂利道がひたすらつづいていた。目印もないまま、道が枝分かれしている箇所がいくつかあり、自分たちの進む方向が正しいのかどうか確信が持てないまま、おそるおそる進んだ。

なにもない。ひたすらなにもなかった。対向車もなかった。道を尋ねようにも、尋ねるべき人が見当たらない。ようやくたどり着いたのがアレンという町にある《Kato's Mazopiya》という店だった。ガスステーションもかねている。そこから先は道がよくなった。

少し進んで、カイルという町のはずれにある《ラコタ・プレイリー・ランチ・リゾート》のレストランで昼食をとることにする。驚くほどよく管理され、きれいな店だった。昼食後、ウェイトレスが話をしてくれる。

「この場所のオーナーのラスティさんは、ここの部族の出身者で、二〇〇五年にこの場所を建てたの。こうして仕事があることに、わたしたちはとても感謝してる」

ウンディッド・ニーのことを尋ねると、女性は表情を少し険しくした。

「ウンディッド・ニーのコミュニティは、人がそれぞれに閉じこもっていて、外部と接触しようとしないの。そういう敵対的なところには、あまり行かないほうがいいと思う。なぜそんなふうになってしまったのかわからないけど、あの地域はアルコールやドラッグの問題を抱えてる。アルコールは、リザヴェイション内では禁止のはずなんだけど。バッドランズのほうのコミュニティも、なにも作物が育たないような場所なので難しいのよ。このへんは農業ができる土地だから、そのことにも感謝してる。私はLAに住んでたことがあって、戻ってきてこのコミュニティに暮らしはじめたんだけど、一口に先住民っていっても、一枚岩じゃないし、統一の文化があるわけでもないの。普段は別々に過ごしてるし、ほかのコミュニティに親戚や家族がいることは珍しくないけど、実際に交流するのは年に一度とかその程度ね。あとは、互いにほとんどなにも関心を持たない。パウワウとか抗議活動とか、そういうときには顔を合わせて話すけど、その程度よ」

女性の身のこなしや話し方には、あきらかに洗練されたものがあった。都市に暮らした経験がそうさせるのか、受けた教育のせいなのか、階級的なものなのか、よくわからない。だが、話の切りあげ方、歓迎でも拒絶でもないような話し方、そういった物腰や所作のなかに彼女の冷徹なまなざしがあるように見受けられた。彼女は必要なことだけを話し、僕らは彼女の休憩時間を邪魔するのは悪いので、それ以上の質問はしなかった。

一日経ったあとも僕は、昨日ウンディッド・ニーで会った女性のことがどうしても頭を離れなかった。なにかが気になっていた。あるいは、気がかりだった。この場所のウェイトレスと話したあとでは、余計に気になる。よく考えたら、名前すら聞いていない。もっと聞いてみるべきことがあるように思えた。しかし、再度行くとなると、道程としては引き返すことになる。

「気になるんやったら、戻ったらええんちゃうか」とマコトが言った。

「行っても、彼女がいるかわからないけどな」

「いなかったら、しゃあないやん。ええんちゃう。行ってみようや」

僕らはなるべく車を飛ばし、昨日の女性の話を聞くべく、ふたたびウンディィッド・ニーのコミュニティ・センターに引き返した。入り口付近で、やはりドラッグ中毒者らしき男が声をかけてきて、寄付をつのってくる。眼つきと話し方があきらかにおかしい。昨日も寄付金やらみやげ代やらでカネを使った。だから今日は払えないと僕は断った。

ストリートでフィールドワークをしていると、物乞いに会うことも、カネを要求されることも、それほど珍しいことではない。だが、ここは、虐殺された者たちも含めた彼らの祖先が眠る墓地だった。なまなましく乱立する墓石のすぐかたわらで、ヤク中の男や女や子どもたちが、おそらくは訪問客にカネを要求するのだ。急いで付け加えなければならないのは、それが倫理に反すると言いたいわけでもなんでもないということだ。物乞いは、とくに必要のないモノを記念品として売ったり、生産や流通、消費、廃棄の過程で環境汚染をひろげる商品をパッケージ化し、装飾をほどこし、CMをつけ、販売したりする行為と、たいして変わりはない。カネがないと生きていくのが難しくなった現代社会で、誰もがカネを手に入れたがる。物乞いはあからさまなやり方でカネを要求し、物売りやサーヴィス提供者はオブラートにくるんでその実態が見えないやり方でカネを奪い去る。前者は自身の要求を相手にさらす。後者は、相手のうちに欲求を生みだし、合意を形成したうえで、カネを求める。だから、相手にカネを出してもらうことを最終目的とする点で、たいした違いはない。

思いがけないことを、僕は想起した。二〇〇二年から二〇〇四年にかけて、ハーレムでフィールドワークをしているとき、何度も顔を合わせ、やり取りを重ねた男に言われたことである。

「俺は、あきらかにヤク中とわかる奴にはカネは渡さねえ。そんなことをしても、そいつはクスリを買うのに使うだけだ。食い物を買うわけじゃねえ。ってことは、よかれと思ってカネを渡しても、俺がクスリを買い与えてるのと同じじゃねえか。それはいいことでもなんでもねえ。いい顔して、犯罪に手を貸してるだけだ。そいつのためにもならねえ」

二人でやり取りをしているときに物乞いが寄ってきてカネを求め、立ち去ったあとに、彼はそう言ったのだった。彼は単なる無関心からそう言ったのではなかった。コミュニティの貧しい人びとのために尽力し、貢献し、カネも寄付してきた男だった。

建物のなかに入ると、中年の男と若い男がひとりずつ座っていた。昨日の女性の姿は見当たらない。中年の男に話しかける。

「昨日ここに来たときに、若い女の人が子どもたちと一緒にいて話したのですが、今日はいないのですか?」

男は少し考えてから言った。

「昨日あなた方が話したのは、Mという女性だと思います。今日は家で家族と過ごしてると思う。今日は夕方の五時頃から集会があって、この場所は集会場になるから、子どもたちは出入りしないと思います。キーストーンで計画されているパイプラインの反対運動の集会をするんです」

そして男はつづけた。

「医療も教育も、ここの出身者なら全部タダなんです。昔はここも教会でした。けれど、教会は土地や物件を我々に返さなくてはいけなくなった。ここは我々の場所ですから。でも、水や下水がまだ整ってない。それで、まだ完全に再スタートはできずにいるのです。四週間前にこの建物は我々のものになったばかりですから」

ルートを引き返したのに、女性――Mさん――に会えなかった。この男たちが彼女にとって味方なのか敵なのかもわからなかった。僕らは礼を述べその場をあとにした。

先を急がなくてはいけない。それでも、できるかぎり多くの居留地を見たかった。ロウズバッド・インディアン・リザヴェイションのなかにあるセント・フランシスという小さな町を通り抜け、ボロボロの住宅街を見つめながら、しかし、僕らの話題はウンディッド・ニーのことに集中した。

「すげえカネ使った気がすんねんけど」とマコトが切りだした。

「ああ、みやげ品とかも高かったな」と僕は返した。

「おかしないか？　そもそもあそこは医療も教育もタダって言うてたよな」

「たしかに、あの人はそう言ってたな」

「おかしいやろ。俺のほうがあきらかにカネないのに、なんでこんなカネ使ってんの」

「まあな。でも買わなきゃよかったんじゃない？」

「俺、ああいうの無駄に買ってまうねん。悪いかなと思って」

この男のよさは、しかし、この引きずり込む雰囲気への感応力、相手のペースやリズムに対する順応力にあるのだ。いわばそれは、受動であることの能動を発揮する力だ。それは、誰もができることではない。

「だんだん腹立ってきたな。間違えたな。なんやねん」

マコトはひとりでキレはじめた。僕は思わず笑った。彼の言うことは、しかし、正しかった。圧倒的に、過剰なくらい、正しかった。寄付金は、そもそもこういう状況を直接的、間接的につくった者たちへ要求されるべきなのだ。請求先は、アメリカ政府や軍人や白人移住者たちだけではすまない。それらの抑圧のあとを継いで、富を築き、繁栄した私企業や経営者たちを含む。もしかすると、それらの繁栄に寄与した消費者も含まれるかもしれない。いずれにせよ法外の収益を手にすることができた人たちの個人資産を、なんらかの固定化された独裁体制に堕することなく、少しばかり掠めて再分配することが可能になるデザインが必要なのではないか、そしてその仕組みの設計は、経済学者や政治学者、政治家や資産家にまかされるべきではなく、哲学者や人類学者、デザイナーや芸術家、詩人や路上の哲人が担うべきではないだろうか。妄想が明滅し、あちこちを照らしながら、次第に闇へと吸い込まれていった。

陽が落ちたので、プレショーという町で高速を降り、宿を探した。高速の入り口付近に小さなモーテルがあり、部屋が広く、手入れも行き届いている。どこか食事ができるところはないかと受付で訊くと、近くのボーリング場のバーがあいているというのでそこに行く。常連が数名しかいないようなバーで、メニューに選択肢がほとんどないので、僕らはチキンフィンガーやらモツァレラスティックやらをたのみ、ビールを呑んだ。あきらかに冷凍のものを揚げただけの加工食品で、油が悪かったせいか、夜眠ってから猛烈な吐き気に襲われる。夜中二時半頃、トイレに何度も行くことになり、結局吐かなかったが、その後激しくお腹をくだした。

弱くなったものだ。以前だったら、夕方五時頃から朝方の五時まで、鍋をつつきながら酒を呑みつづけても平気だったのに。ヤキがまわったか。

八月二一日（月）　曇り、そして雨、さらに雷

朝から天気が悪い。夜中の吐き気と下痢の影響か、頭痛がする。相変わらず腹の調子も悪い。プレショーから少しだけ東に移動し、そこから北上してロウワー・ブルール・リザヴェイションを通ることにした。

北上するにつれてあたりは暗くなり、僕らは雨雲のなかを車で移動することになった。雨がたたきつけ、風が強さを増し、雷がなった。

暗い。

怖い。

なにか見たこともないものに包まれた感じがある。畏怖の念を立ちのぼらせる幻想的な風景のなか、閃光が幾度も光り、轟音が響きわたった。

本当は隣にあるクロウ・クリーク・リザヴェイションにも訪れたかった。しかし、時間の都合と悪天候のせいもあり、断念した。あとは高速に戻り、ひたすらミネアポリスを目指した。

雨がひどい。途中、スー・フォールズで簡単な昼食をとり、商店街の一角にあったみやげ屋に立ち寄った。受付をしていた店のオーナーの女性と、マコトが話をして盛り上がっている。

「父が空軍にいたので、グアムに生まれ、サウスダコタ、パナマと移り住んだの。夫がウクレレづくりをしている。自宅を工房にして、自分の作業スペースもあるの」

そんなような内容の話を、二人で楽しげに話している。僕は胃腸が完全に回復しないまま雨に濡れたので、意識が瓦解し、うまく話ができずに黙って眺めていた。

夜はセントポールにある店でローカルビールを飲み、食事する。体調が悪くても、旅のあいだはローカルビールを、あるいは遭遇するあらゆることがらを、呑み込みつづけなければならない。いや、そんな義務はないはずなのだが……。メニューは、ワイルドライスのスープ、仔牛のパスタ、トラウトのリゾット。久しぶりにまともな食事をしている感じがした。

八月二二日（火）　快晴

朝早くにホテルをチェックアウトし、飛行場でマコトと別れる。搭乗まで時間があったので、ゆったりとコーヒーを飲み、ラップトップを開いて旅の記録をまとめたり、メールを書いたりしていた。

搭乗時間になったので、コンピュータをしまい、搭乗ゲートまであるいていくと、ゲート前に人がいない。

（おかしいな。ゲートが変更になったのかな）と僕は思った。

フライト情報が載っているモニターを見ても、しかし、飛び立つはずの僕の飛行機が載っていない。朝方チェックしたときには載っていたはずなのに。

近くにいた航空会社のスタッフに尋ね、はじめて間違いに気づいた。

飛行機はすでに飛び立っていた――。

うっかりして搭乗時間と出発時間を間違えていたのだ。

こんなことははじめてだった。航空会社に電話を、とスタッフに言われ、慌てて近くの公衆電話からかける。やり取りをすると、今日中に東京に向かう飛行機はもうないとのこと。まだお昼だというのに、もう東京行きの飛行機がないのか、なんとかならないのか、食い下がったが、ないものはないという応答しかない。仕方がないので、翌日の飛行機への変更手続きをとってもらい電話を切る。今日は近くに泊まるしかない。しかも、大方の荷物はすべてチェックインして預けてしまっているから、バックパックひとつしかない。僕の搭乗が確認できなかった時点で、チェックインした荷物は飛行機からおろされている。だから引き取ろうと思えばできなくはなかった。だけど、レンタカーはすでに返してしまっているし、大きな荷物を抱えてホテルを探しまわり、明日またチェックインする手間を考えるとバカバカしかった。

翌日の飛行機に乗ることが確認できてすぐに、今度は宿を手配するべく、電話をかけまくった。あたりまえだが、安ければ安いほどいい。こんなことにお金はかけたくない。ただでさえ一日を無駄にするのだ。最初はこのまま空港に泊まろうかとも考え、航空会社の受付の女性に尋ねてみた。空港で泊まって過ごしてもいいのですよね、と。

女性は憐みの表情で首を振りながらやさしく言った。

「ええ、泊まることは可能よ。でもおすすめはしない。決しておすすめできない」

その表情を見て、僕は必死に電話をかけまくったのだ。飛行機会社と提携を結んでいるホテルにかけるといい、きっと安いから、というアドヴァイスをもらって電話をかけたのだが、どこも部屋がいっぱいか、もしくはぼったくりのように高い。

（くそー。きっと俺のように間抜けにも飛べなかった奴らを相手にふんだくってやがるんだ）と僕はいきりながら電話をかけつづけ、何軒目かでやっと見つけた。送迎バス付きで一泊七〇ドルほど。悪くない。まったく悪くない。

「ホテルから、モール・オブ・アメリカ行きのバスも出てますからね。なんなら遊びにいけますよ」

ホテルのフロントの男は、電話越しに言った。

《モール・オブ・アメリカ》。そうだ。僕はいま、ミネソタ州にいるのだ。この全米最大のショッピングモールのあるミネソタ州に。にわかに、《モール・オブ・アメリカ》の記憶がよみがえった。

一度だけ、高校のときに、このモールに行ったことがある。そのとき僕は、ミネソタに近接するイリノイ州のシカゴ郊外にある高校に通っていた。その高校は音楽や演劇のプログラムに力を入れていて、吹奏楽やオーケストラに加えてビッグバンド・ジャズの授業があり、オーディションを受けて合格すると選択科目にすることができた。ジャズ部門は、見てくれは中肉中背の典型的な中西部アメリカ白人だが、しゃべったりドラムを叩いたりピアノを弾いたりすると、妙に色気のある男性教員がディレクターを務めていた。この男がさまざまなネットワークを駆使し、地元のミュージシャンを個人レッスンのために雇用したり、ツアー中のミュージシャンを授業に招きワークショップをやってもらったり、生徒がコンサート発表会をするときに有名ミュージシャンをゲストとして呼んだりしていた。たとえば、メイナード・ファーガソンやクリストファー・ホリデイといった人たちが一緒に演奏してくれたし、僕が入学する以前には、ディジー・ガレスピーも来ている。

あるとき、その男性教員が演奏旅行の話を持ってきた。ミネソタ州の《モール・オブ・アメリカ》に行き、一泊して演奏し、戻ってくるという旅行だった。なんてことなさそうに聞こえるかもしれないが、高校生にとっては一大イヴェントだ。

その当時は、《モール・オブ・アメリカ》という場所が、アメリカ最大のショッピングモールだということ以外、なにも知らなかった。いろいろと説明はあったのかもしれないが、いまひとつピンときていなかった。巨大なショッピングセンターの一角で演奏するのだろう、というくらいにしか考えていなかった。

高校からみんなでバスに乗って延々と移動し、そのモールに足を踏み入れたときには、だから、驚いた。

ジェットコースターがあったのだ。ショッピングモールのなかをジェットコースターが走っているのだ。眼の前を駆け抜けていったのだ。

驚いている僕を見て、友人のマティが屈託のない表情で冗談めかして言った。

——This is what America is all about（これこそがアメリカってものだよ）.

ふざけて言ったのかもしれないし、風刺的に、皮肉めかして、冷笑的に言ったのかもしれない。名作映画『旅立ちの時 Running on Empty』に出演した頃のリヴァー・フェニックスを彷彿とさせる風貌で、彼の言うところの「究極のスポーツ」であるスノーボードをこよなく愛し、シーズンごとにコロラド州の山に通うサックス奏者のマティの真意は、いまとなってはわからない。しかし、奇妙な説得力があった。ジェットコースターを含むアトラクションをすべて入れ込むかたちで建てられたこの巨大ショッピングモールが、アメリカのすべてを集約しているように思えた。

すべてを大きくしていくこと。惜しげもなく、恥ずかしげもなく、大きくしていくこと。大きいことは、単にすばらしいことであるばかりか、かなり積極的に正しいこと。どんな辺境の地も、開拓し開発しアメリカ化すること。そのために、エンターテイメントやアトラクション、コカ・コーラやコーヒー、ポップコーンやハンバーガー、分厚いステーキやトウモロコシが必要なこと。自由と平等とを匂わせる表現は、すべてアメリカとの結びつきで評価し拡散し流通させること。そのためには暴力をいとわないこと。ただし、とてつもない暴力を反省し批判し終焉させるための運動もまた、アメリカから発信し拡散し流通させること。独裁体制と共産主義とを嫌悪しながら、自由と平等の確立の過程で人民によって選ばれた民主主義という名のねじれた「独裁体制」を謳歌せしめること。

ミネソタのこの巨大ショッピングモールの記憶は、その圧倒的なレベルの大きさ、巨大で有無を言わさぬプレゼンス、敵対や競争の気持ちをあらかじめ削いでしまうような規模の強度、恥ずかしげもない物質的豊かさといったイメージと結びついていた。

ホテルまでの無料送迎バスに乗り込み、ホテルにチェックインし、手持ち無沙汰のまま部屋でコンピュータに向かいながら、そんな記憶をたどっていった。《モール・オブ・アメリカ》にふたたび行くことはしなかった。そのかわり、夕方になって、数軒の店が集まる近くのモールまで、考えごとをしながらあるいた。九十九セントストアで歯ブラシと歯磨き粉を買い、夕食を求めていくつかの店を見てまわった。インド料理、パキスタン料理、中華料理に加えて、中東やアフリカなどのエスニック食材を扱う店があった。働く人や訪れる客も、一九九〇年代以降のニューカマーかなと思える移民が多かった。

迷ったあげく、中華料理店に入り、ビールを呑んでチキン・ウィズ・ブロッコリーとスープと少しの米を食べ、部屋に戻った。陽が沈み、風呂に入って眠りにつこうとする頃になって思い出した。この町にあるモスクで約二週間前に爆破事件があり、メディアが大きく取り上げたことを。

もう少し早く気づいていれば、現場に行くこともできたかもしれなかった。やはり、ヤキがまわったのだ。

八月五日土曜日、早朝五時頃、ミネアポリス近郊のブルーミントンにある《ダル・アル＝ファルーク・イスラミック・センター》では、ファジュル（朝の礼拝）の準備がおこなわれ、ムスリムたちが集まりつつあった。爆弾が投げ込まれたのは、そんなさなかだった。幸いなことに負傷者は出なかったが、イマームのオフィスは破壊され、建物内に煙がたちこめ、信者はもちろんのこと周辺住民も大きな衝撃を受けた。この事件の特異性は、しかし、その後の人びとの反応にある。

二つの一見相反する反応があった。

このモスクは、約六年前にソマリ人コミュニティによって建てられたものだが、ミネソタ州知事がすぐに声明を出し、これはマイノリティやムスリム、とりわけソマリ人コミュニティに対する「テロ行為である」と公に非難した。地元住人も、ユダヤ教やキリスト教のリーダーたちとともに結集し、ムスリムたちへのサポートを公表した。これがひとつ目の反応である。

他方でトランプ大統領は、事件後もなんら非難声明を出さず、言及すらしなかった。そればかりか、当時大統領副補佐官であったセバスチャン・ゴルカにいたっては、「左翼連中が宣伝する」フェイクのヘイト・クライムの可能性があるとまで主張した。これが二つ目の反応だった。

ブルーミントンにある《モール・オブ・アメリカ》よりも、同じ町の《イスラミック・センター》で起きたこの事件とその後の対応のほうが、いまのアメリカをよりよく集約しているかもしれない。そしてまた、この二極化して見える反応のあり方を、単にひとつの社会のなかにある分裂した反応として理解してしまうことに、なにか割りきれないものが残った。「分断」と報じられ受け容れられた現象をそのまま分断として語ることに、どれほどの意味があるのだろうか。そう語ることで得をするのは誰なのだろうか。しかしその逆に、二分化した両極は、結局のところ相互補完的であると哲学者を気取ってみても、なにかうすら寒いものが残るのだった。

現象も人のうごきも、いつの時代もたいして変化はなく、陳腐でありながら解決できずにいて、しかしそれゆえに、新たな語り、新たな処方箋、新たな分析枠組みを理性が求めてしまうという点が、じつは最も陳腐なのかもしれなかった。

そのことを考え抜くには、しかし、疲れすぎていた。

時計の針は真夜中を刻もうとしていた。

銃と質屋。こういう店、本当に多い。

え？ カモのレース？ マジか!? 毎週金曜？ マジか!?

ジョエル・ランデル氏作、《時間の円環 Circle of Time》。

パープル・ベルガモット。

ワイルドライス・オムレツ。

リーチレイク居留地内で出会ったアーティストのアーネストさん。

リーチレイク・トライバル・カレッジにて。タラさん。

たまたま立ち寄ったガスステーションにて。ワイルドライスのことを教えてもらう。

タラさんが学校の説明をしてくれる。

ワイルドライス。ハリウッドのセレブのあいだで、スーパーフードとして注目を集めているとかいないとか……。

ビズマークの《40 Steak & Seafood》店内。熟成中のステーキ肉。ところどころにバーボンがおいてある。

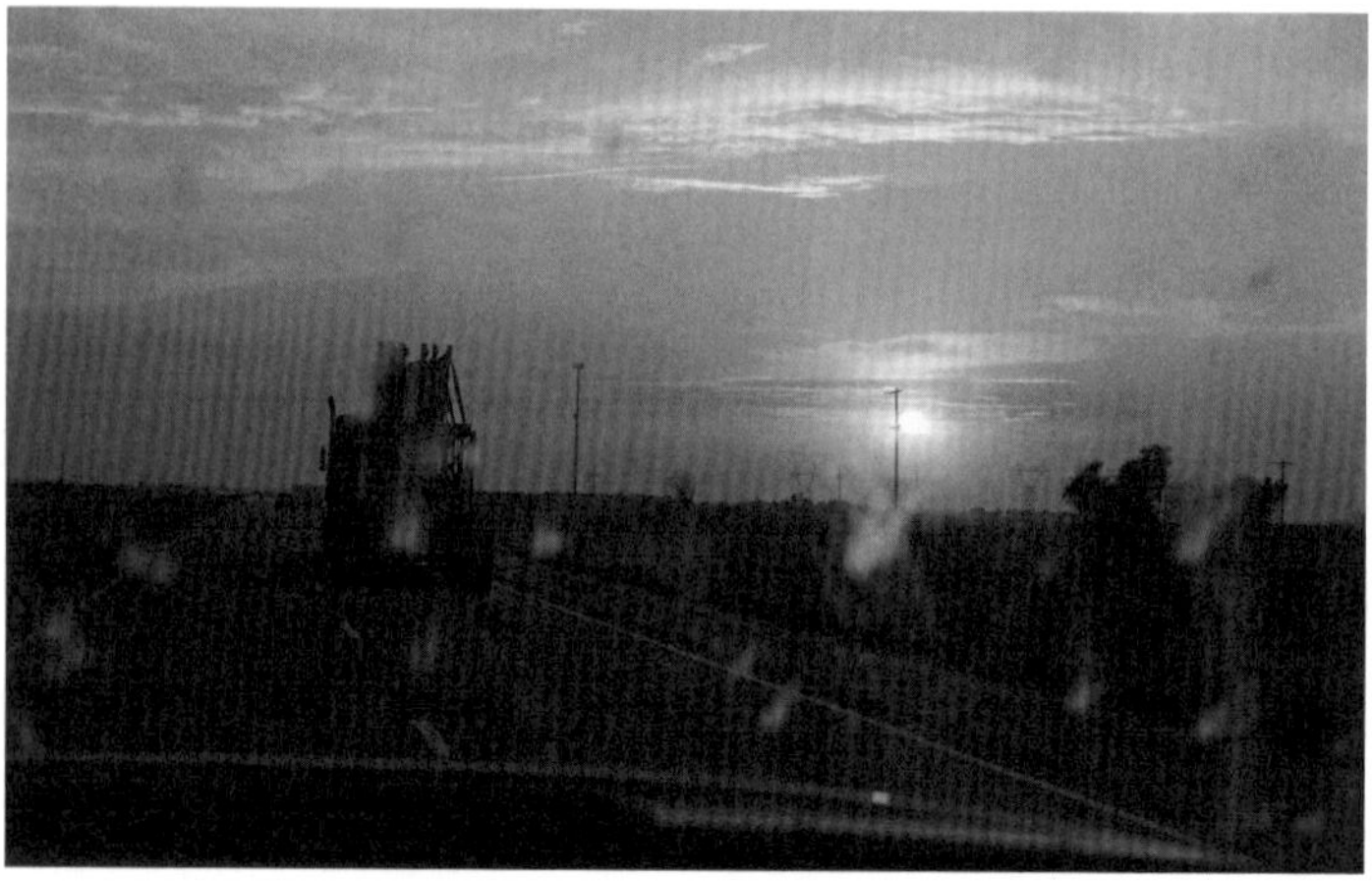

ファーゴからビズマークに向かう道。なかなか沈まぬ太陽。

チョークチェリー。美味。

ホワイト・アース居留地近く。《フランスの蛙》。ジャンク・フード上等。

上：チャールズ・レンカウンター氏作、《恐れずに見つめる》とともに、おずおずと見つめる。ノースダコタ州キャノンボール。
左：ノースダコタ州、スタンディング・ロック・リザヴェイション近くのガスステーション。

馬たちの悠々たるひととき。

ひまわりたちの大礼拝。

バッドランズにて露店をだす男性。

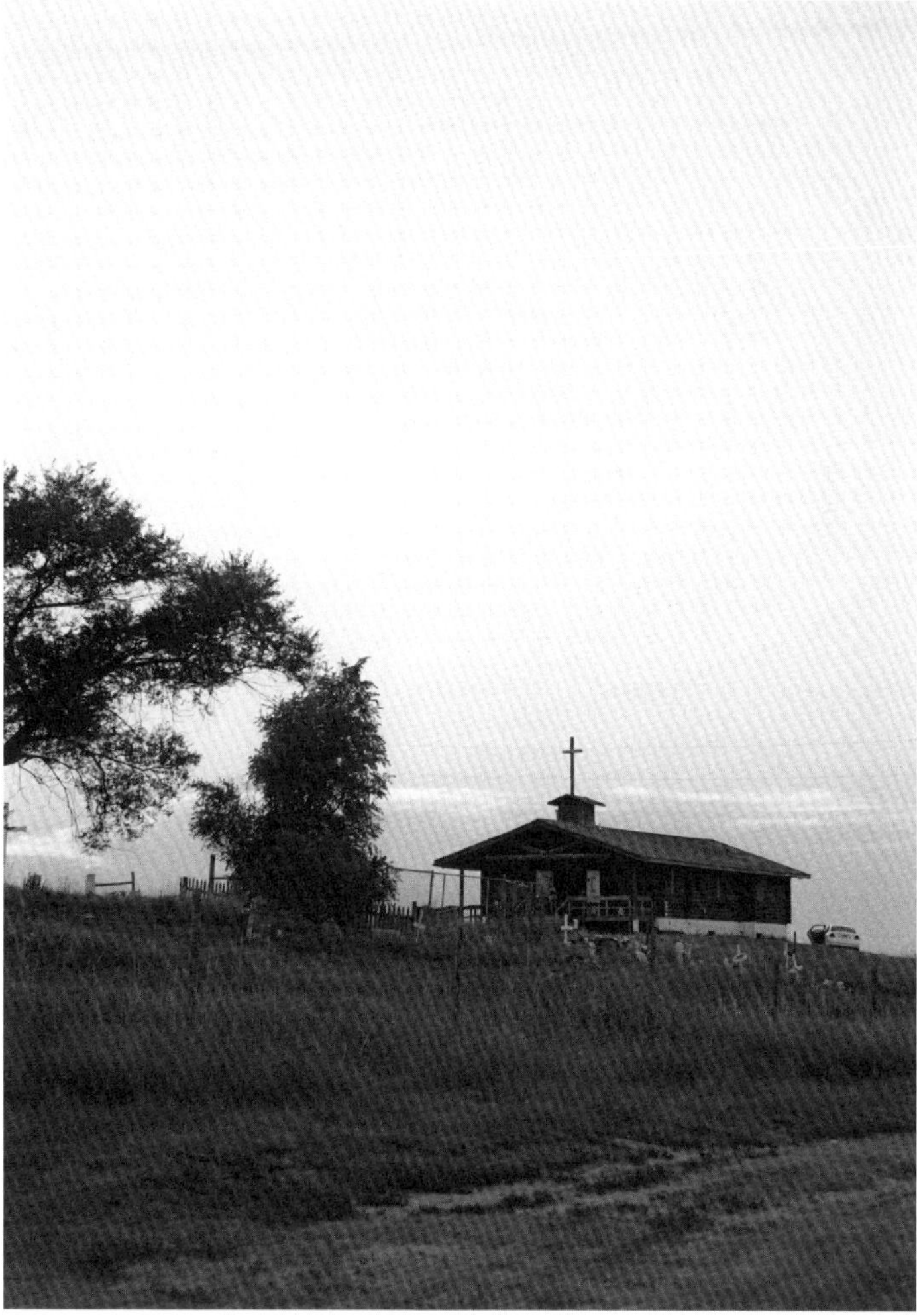

ウンディッド・ニーにて。

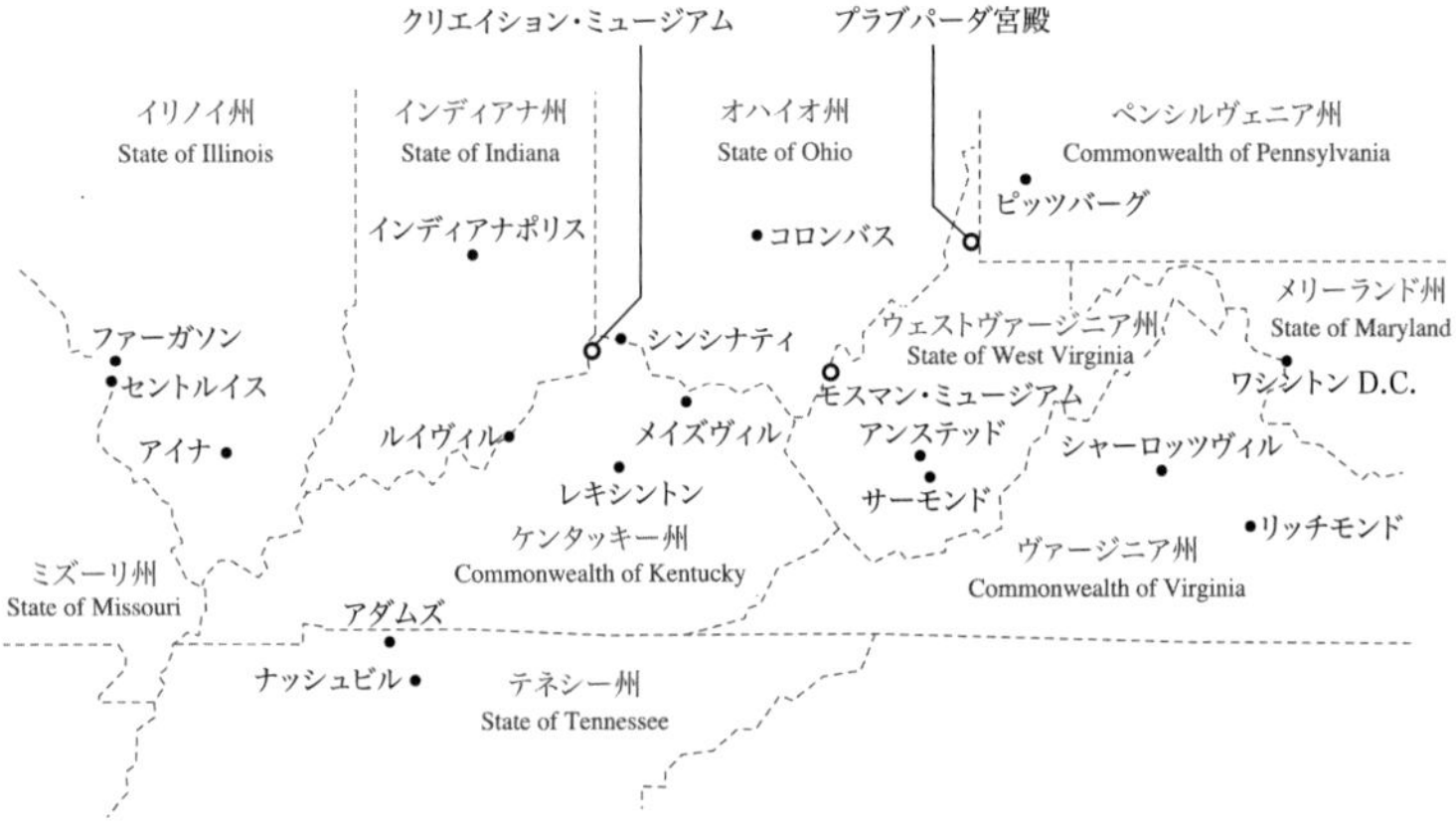

クリエイション・ミュージアム
プラブパーダ宮殿
イリノイ州
State of Illinois
インディアナ州
State of Indiana
オハイオ州
State of Ohio
ペンシルヴェニア州
Commonwealth of Pennsylvania
ピッツバーグ
インディアナポリス
コロンバス
メリーランド州
State of Maryland
ウェストヴァージニア州
State of West Virginia
ファーガソン
シンシナティ
セントルイス
ワシントン D.C.
モスマン・ミュージアム
アイナ
ルイヴィル
メイズヴィル
アンステッド
シャーロッツヴィル
レキシントン
サーモンド
リッチモンド
ケンタッキー州
Commonwealth of Kentucky
ミズーリ州
State of Missouri
ヴァージニア州
Commonwealth of Virginia
アダムズ
ナッシュビル
テネシー州
State of Tennessee

6
かいぶつたちのいるところ
Where the Monsters Are

ヴァージニア州シャーロッツヴィル〜ウェストヴァージニア州〜
ケンタッキー州〜ミズーリ州ファーガソン、2018年

二〇一八年、秋。

臆面もなく人種差別的かつ性差別的態度を披露する人物が大統領に当選してから約二年が経っていた。一六年の選挙前日にニューメキシコ州タオスを訪れた際、「一国の大統領が誰になるかで騒ぎすぎる必要はない。みんなが注目しすぎなんだ」と語っていた男のことが、ずっと頭にあった。

たしかに彼の言うとおりなのかもしれない。政党だけでアメリカを語るのは、相当に無理がある。二大政党によってわかりやすく区分され、その指標にしたがって社会が語られていく。民主党支持者はリベラルな高い教育を受けた人間が多く、環境問題に熱心で、銃規制をよしとし、中絶の権利を擁護し、移民政策に寛容である、共和党支持者は金持ちの保守層が多く、キリスト教福音派とのつながりも強く、環境問題であれ銃であれ政府による規制に反対し「自由」と「権利」を主張し、中絶に反対して「命の大切さ」を主張し、移民受け容れに消極的である、等々。そうした説明の結果、僕たちの頭のなかは、図式で整理され、すっきりする。さらに、眼の前の人物が共和党支持か民主党支持かによって、その人物の政治的位置どりだけでなく、社会階層やものの考え方、ひいては人格そのものまでが言いあてられるかのごとく錯覚する。

しかし、それはどう考えてもやはり、無理があった。だから、政党や政治的リーダーの発言に一喜一憂したり、それによって社会を語ったりするのを、極力避けてきた。あらかじめわかりやすく分類されたカテゴリーを指して、「分断」と言ってみても、なにも語ったことにはなるまい。「男と女は違うんだよ、だって違うんだから」「白人と黒人（あるいはアジア人）は違うんだよ、だって違うんだから」というトートロジーとたいして変わらない。

だが、それと同時に気がかりなこともあった。僕も含めたアメリカ研究者のほとんどは、大統領選の結果を予見できなかった。大方のメディアと同様、なにかを決定的に見過ごしていた。各研究機関の世論調査ですら、事象を見誤っていた。知的訓練によってリベラルな素養を身につけた、したがって民主党支持者の多い人文社会科学系の研究者が見る「アメリカ」は、相当に偏っていることはたしかだった。もちろん、保守の立場からアメリカを研究する者もいる。だが、彼らにしても、やはり既存の枠組みのなかで仕組みを説明しているに過ぎない。

解説、説明、データ、図表、統計グラフ、少しの分析――操作された二次情報、三次情報のうえに、認識論的反省を経ずに、さらなる上書き、上塗りをくりかえす「リサーチ」は、なにか嫌な臭いがした。ならば、それよりは、できるかぎりの一次情報に触れることを目指そう。ここまであらゆることが高度に情報化された世界では、もはや「一次情報」なるものが存在しうるのかも怪しかったし、「現場の声」「生のデータ」がかえって自らの偏りを補強することがあるのは知っているが、それでもなにもしないよりはマシだろう。そんなふうに思っていた。

相変わらず当てずっぽうの旅だが、訪れておきたい場所がいくつかあった。そのひとつは、ヴァージニア州シャーロッツヴィル。二〇一七年の夏、この場所で白人至上主義者らによる大規模な集会がおこなわれ、それに抗議するべく集まった人たちのもとに白人至上主義者が車ごと突っ込み、ヘザー・ハイヤーさんが亡くなり、一九名が負傷した。事件直後ならまだしも、一年後に訪れて、なにかがわかるわけではないだろうが、手を合わせにいきたいという想いが強かった。

いまひとつは、ミズーリ州ファーガソンだった。二〇一四年夏、この地で黒人男性マイケル・ブラウン氏が白人警官によって射殺され、そのことをきっかけに大規模な抗議活動がおこなわれた。そして、群衆の一部が暴徒化し、町が燃えていた。もちろん、警察官の過剰な暴力によって殺されたのは、彼だけではなかった。ポリス・ブルタリティと呼ばれる警察官による残虐行為が、長年にわたってくりかえされてきたからこその抗議だった。二〇一二年にはフロリダ州でトレイヴォン・マーティン氏が自警団に殺害され、二〇一三年、撃った男が不起訴処分になったのを受け、「ブラック・ライヴズ・マター（黒人の命は大切だ）」運動の声があがった。また、ブラウン氏殺害の同年には、ニューヨークでエリック・ガーナー氏が警察官にチョークホールドという首絞めをされ、殺害された。これらの事件以前にも、あとにも、幾人もの黒人男性と女性たちが、警察官によって殺されていた。この地もまた、四年後に訪れてなにかが検証できるわけではないが、彼らについてなにごとかを語るからには、その場に行って手を合わせたいと思った。

これで、出発点と終着点が決まった。その道中には、ウェストヴァージニア州とケンタッキー州があり、アパラチア山脈地帯を通過できそうだった。ここもまた、トランプ大統領の当選を受けて注目が集まった場所ではあるが、実際に足を延ばしてみたことがなかった。だから、土地の感じを見ることができればいいくらいに思っていた。

一〇月二八日（日）　晴れ　シャーロッツヴィルからサーモンドへ

前日、リッチモンド空港近くで一泊したのち、シャーロッツヴィルまで車で移動することにした。路上の警察の数が多いように感じるが、先日のピッツバーグのシナゴーグでの殺傷事件と関係しているのかもしれないな、と勝手に妄想する。

途中、《ブラック・ヒストリー・ミュージアム》があるので、立ち寄ろうとするが、日曜休館のため、なかには入れない。建物の外観だけでも見ようと、車を停めてあたりをふらふらする。向かいは広い野原になっていて、キックベースボール（！）をやっている白人たちがいる。黒人たちも、通りをあるいたり、車で横切ったりしている。

シャーロッツヴィルまでは下の道を使って行く。途中、地図を買おうとガスステーションに隣接したコンビニに立ち寄る。そこのレジ打ちの女性も店内にいた女性も、みんな南部訛り丸出しで話す。そしてみんなとても親切に対応してくれる。

シャーロッツヴィルのダウンタウン目抜き通りであるマーケット・ストリートは、歩行者天国になっていた。穏やかな雰囲気の場所で、通りを行き交う人びとも落ち着いている。この場所であれほどの暴力的な事件があったというのが、にわかには想像できないほどだった。

しかし町の一角には、その痕跡が残っていた。ヘザー・ハイヤーさんの名前が書かれたボードが置かれ、花がたむけられ、周囲にはたくさんの文字や記号がチョークで刻まれていた。レンガの壁、コンクリートの路面、それらのかたい素材の上に、それらの文字はあった。何度も重ねて描かれつづけてきたのかもしれないし、あるいは消えにくい素材を使ったのかもしれない。赤茶けたレンガの上で、読みにくくはあるが、平和や友愛のメッセージが重ねられているのがわかる。それらは、すぐにそれとわかる痕跡であり、標であり、徴だった。その意味でモニュメント的ではあるかもしれないが、それ自体、石彫ではないし銅像でもない。

そこが、同じく町の一角に設置されつづけてきたロバート・E・リー将軍の像とは大きく異なっていた。この数年、その存在を根底的に見なおされ、撤去するか否かをめぐって大きな論争を呼び起こしているこの銅像は、あきらかにそれが、公的な場での集合的記憶の継承をめぐる問いにかかわっている。しかし、それ以上に、モニュメント化された素材そのものの違いが、なにごとかを物語っているようにも見えた。

銅像は、あきらかにモノとしての保存を前提にしていた。かたい素材でつくられ、人類学者の落合一泰氏がかつて述べたように、「かたい文化」に従属していた。落合氏は、いくつかの論考のなかで、「かたい文化」と「やわらかい文化」とを対比的に論じ、西洋に支配的に見られる、保存を前提とした「かたい文化」の継承とは別に、やわらかく朽ちやすい素材を用い、それがゆえにかえって、更新されることで変化に富む日常生活のうちに根をおろす継承があることを示唆している。

保存を前提につくられた銅像を破壊する行為は、公定の歴史、理性の歴史への挑戦には違いない。しかし、破壊行為を通じて、「かたい文化」をある意味で承認してしまうことを含んでいる。それに対し、ヘザー・ハイヤーさんへの数々のストリート的オマージュは、それ自体が、「やわらかい文化」のうちにあり、「かたい文化」とその継承のあり方への、根本的な批判になっているようにも見える。

メイン・ストリートに戻ってあるくと、いくつものテーブルが出され、さまざまなみやげ品やアーツ&クラフツが売られている。ひとりのアジア人が陶器を出していて、日本の人かなと思い話しかけた。ジュエリーや雑貨品を出す店が多いなか、彼の陶器はシンプルなデザインで、洗練されて見える。

「暴動があったときは、とても店を出せるような雰囲気じゃなかったですよ。警察も来ていて、通りに人があふれてた。極右の連中もそうだけど、極左の連中も、ペットボトルに小便を入れて投げたり、かなりたちの悪いことをしてた。そのことをメディアはあまり報じない。シャーロッツヴィルは、大学があるせいもあって、ヴァージニアのなかでは唯一と言っていいほどリベラル。その他の場所は保守と言っていい。

「僕は最初から陶芸をやってたわけじゃないんですよ。昔は、売れていたわけではないけれど、油絵を描いてた。独学で絵をおぼえてね。でも、イギリス出身のジェニファー・リーという人の陶芸作品を見て影響され、焼き物をはじめたんです。それから、陶の世界にハマった。このへんの土は、赤土だから赤色をベースにして異なる色の土を混ぜるんです。

「かつてはサンフランシスコに住んでいたんだけれど、家賃が高くなって、いま住んでるところに引っ越してきたんですよ。ここは、いいですよ。日本と同じように四季があってね。一時期は山のなかにログハウスを建てて、三年くらい住んでいたことがあります。家を建てたことなんてなかったけど、本なんかで調べて、木を切ってつくっていったんです。たまたま知り合った近所の人が土地の事情を教えてくれたので、焦らずに進めることができました」

日本出身で、絵を描き、焼き物をつくり、制作と生活の場としてヴァージニアを選び住み着いた彼（永久井さん）の物腰は落ち着いていて、時々の時流に左右されないものがあるように感じられた。そしてまた、リベラルと保守の対立でものごとを捉えようとする時流への彼の懐疑には、傾聴に値するものがあるように思えた。僕らは連絡先を交換し、礼を言ってその場をあとにした。

一〇月二九日（月）　晴れ、曇り、小雨、晴れ、山脈を行く

翌朝、時差ボケで四時に目が覚めてしまい、それから眠れなくなってしまった。時差ボケは二日目以降がきつい。ぼーっとした頭のまま一階のフロント横に設置されたテーブルのところまで行き、安いモーテルにありがちな、しょぼい朝食をとる。

安宿に泊まりながらアメリカ中を旅していると、たびたびこの「コンチネンタル・ブレックファスト」とやらに出くわす。コンチネンタルにもいろいろなヴァリエーションがあるが、安宿のそれは基本的にしょぼい。かなり、積極的に、しょぼい。それでも、場所によっては、シリアル、トースト、ベーグル、バナナ、リンゴ、コーヒー、ティーに加えて、調子がいいと、ワッフルやパンケーキもどきをつくるマシンが備えつけてあり、さらに調子に乗ると、ソーセージや卵まである。

だけど、ここの宿はそこまで気前よくない。僕としては、時差ボケに加えて前日からの胃もたれがあるので、朝食をスキップしてもいいくらいなのだが、「いかなるときも三食きち

んと食べよ」というのが、写真家マコトの基本的な生きるスタンスなので、一緒に食べることにする。

　朝食後、マコトがカメラフィルムを買いたいということで、町のカメラ屋に立ち寄る。最初に対応してくれたのは、中年から初老の域に入ろうかという男性。話している最中に別の若い青年が現われ、話に加わった。話しているうちに、この若い青年のほうが店のオーナーだとわかる。

　中年男性は、僕が日本からやってきたことを知ると、がぜん興味を示した。カメラなどの精密機器に強いという理由から、日本に興味があるとのこと。昨今の政治状況に話がおよぶと、「政治状況はアメリカも悪いね。とくにいまの大統領になってからはね」と言う。

　横で聞いていた青年も語りはじめる。

「僕は生まれてからずっとヴァージニアのこのあたりにいるんだ。ヴァージニア大学（UVA）のビジネススクールに通ったあと、UVAで働いていたこともあるんだけど、忙しすぎて自分には向かないと思った。だから、このビジネスに替えたんだ。妻が写真をやっていたこともあって、カメラ機材をレンタルしたり売ったりする店をはじめた。機材はどんどん集まってくるんだけど、すべてを置いとくスペースがないから困ってる」

　くだけた会話ができるようになったところで、二人に一年前の衝突について話題を振ってみる。だが、二人とも口が重い。理由はわからないが、そのことについてだけは話しにくそうに見えた。

起きたことについて、短い言葉のやり取りでは汲み尽くせぬ複雑さがあるのだろうか。それがゆえに、あいまいな「私」というものの立ち位置があらわになる、「語る」という行為そのものがはばかられるのだろうか。あるいは、僕たちのような部外者に向けて事件を語り、それをあることないこと書きたてられることに疲れたのだろうか。ひどいことが起きたのだと語り、極右連中の人種差別を非難すれば、「白人リベラル」や「極左」と名指され、ひどい事件には違いないが双方に非があると言えば、「人種差別主義者」と指弾される。そうなれば、いずれにしても顧客の半分を失うことになるかもしれない。終わりなきジレンマのサイクル。まさに「キャッチ22」だった。

しかし、語り合うことができない以上、すべては憶測に過ぎない。触れることができない話題が双方に意識されると、会話はそれ以上発展しない。仕方なくそのままカメラ店をあとにし、二人におすすめされたカフェ《マリーベティ MarieBette》に立ち寄る。

ひどく洗練されたスタイルのおしゃれなカフェで、ペイストリーが充実しており、コーヒーもうまい。ダウンタウンでもそうだったが、町の中心から少し離れたところにあるこのカフェでも、若者たちが生き生きしている。さびれた様子がない。

コーヒーを飲んだあとは、ひたすら車を西に走らせる。途中、前方で事故があったのか、一時間半ほど立往生。ようやくそこを抜けるときに、なにがあったのかはわからないが、焼け焦げたトラックの荷台が見えた。

しばらくして州境をまたいでウェストヴァージニアに入り、ヴィジター・センターで地図をもらって話を聞く。案内の人と話をしていてようやく、自分たちが走ってきた方向が間違いだったことに気がつく。グリーンポイントに行く予定だったのだが、サーモンドに向かって走っていた。

いまさら引き返すわけにもいかず、ヴィジター・センターを出てそのままサーモンドに向かう。ところが、今度は途中で道の状態が悪くなり、心配になってきたところで深い水たまりに遭遇する。どう考えても通過できない。引き返して違うルートを行くが、ぐねぐねとめまぐるしくターンがつづく道のりで、助手席にいた僕は車に酔い（もともと、車に酔いやすいのだ）、気分が悪くなってくる。吐き気がこみあげ、耐えがたくなってきたところで、マコトに言って運転を代わってもらい、今度は僕の運転でナビのルート案内にしたがって進む。だが、またしても途中で道が悪くなり、車の下を何度かこすってしまったので断念し、その道も引き返す。

結局、迂回ルートでちゃんとしたまともな道をたどり、夕方になってようやくサーモンドに到着した。かつて炭鉱でにぎわったサーモンドは、現在アメリカで最も人口数の少ない町のひとつとして知られる。町の入り口には川が流れ、その上に細い橋がかかり、片方には鉄道レール、もう片方には細い道がある。その橋を渡ると、アムトラックのサーモンド駅が現われる。ひっそりとしていて、人には出会わないが、五人ほどの人が住んでいるとのことだった。しかし、駅周辺の建造物は手入れが行き届いていて、さびれた感じはあまりしない。

ワシントン・ポスト紙の二〇一五年の記事によると、この町の五人全員一致で、雇用や住宅、宿泊施設におけるLGBTへの差別禁止条例を採択したというから、この町の住民の価値意識が少しだけわかる。


一〇月三〇日（火）　朝方は霧、その後晴れ

翌朝、六時に目が覚め、起きだして記録をつけ、ホテルの朝食をとり、アンステッドという小さな町にある《ミステリー・ホール》を目指す。今回の旅のルートを知ったマコトのパートナーであるハナさんが、「それならば一風変わった場所があるから、立ち寄ってみては」と教えてくれた場所だった。なんでも、この場所では重力が反転するのだという。

アンステッドの町なかにあるみやげ品店をいくつか物色したあと、《ミステリー・ホール》があるとされる場所に接近していくと、突如としてサイケデリックな飾りつけをほどこした建物が姿をあらわした。

「これか？」マコトが半信半疑で声を漏らした。

「たぶん、これだな」僕が返した。

《養老天命反転地》のような場所を思い描いていたが、まったく違っていた。意外とこぢんまりとした規模だが、なんとも唐突な感じがあった。そして、あたりは閑散としていて、人の気配がなかった。

車を停め、あるいて建物に近づくと、なんと、閉まっていた！

「マジか！」マコトが小さく叫んだ。

「Closed for the Season（今季はもう閉店）」とあるから、どうやらすでにシーズンオフらしかった。なんとなく気持ちにおさまりがつかず、周囲をウロウロして写真を撮る。どうやら建物のなかに入ると、重力がなくなったように感じられるということなのだが、そんなことを言われても入れないのでまったく実感できず、わからない。説明されてわかることと、実際にその場に参与してわかることとのあいだには、地球から見上げる空模様と火星からのそれとの差くらいの大きな違いがある。

建物が閉まっているのでそれ以上やるべきこともなく、途方に暮れたあげくに僕らはアンステッドの町に引き返してガスステーションでトイレを借り、隣接したショップでうさばらしにチョコレートを買った。うまくいかないときは、チョコレートにかぎる。それも、悪魔のように甘いのがいい。

店の外に出ると、この町の住人と思われる白人のおじさんやおじいさんたちが五、六人たむろしている。そして、その集団から少しだけ離れた場所に、車椅子に乗った中高年の男性が日光浴をしている。何人かと目が合って挨拶を交わしたので、《ミステリー・ホール》のことを尋ねると、しばらく会話がつづき、僕の近くにいた二、三人が話し相手になってくれた。マコトの近くにいた男性は、マコトと話をしている。

彼らのなかでも比較的若い中年男性が語る。

「このへんで遊びたいなら、ＡＣＥアドヴェンチャーという会社がラフティングをやってるから夏に来るといい。そこの会社はほかと違って、川下りしながら川辺の歴史を話してくれるんだ。川辺の生活の歴史は、彼らでないとわからない。誰も知らないことが多いんだ」

やはりいまはもう季節はずれで、多くの人が訪れるのは夏の短いあいだだけのようだった。川辺の生活史には興味を惹かれるものがあった。だが、話しはじめてすぐ、話題は図らずも神や信仰へとおよんだ。

「あんたらの文化は、どんな信仰を持ってるんだい？　俺たちの文化じゃ、神がすべてを創造したことになってる。そうじゃなきゃ、こんなに技術が進歩したことを説明できない。この五〇年で生活は大きく変わったろ？　携帯電話ひとつとっても、こんなにも速く進化したんだ。たしかに、技術そのものは人間がつくったものだ。だけど、それがなぜできたのかは説明できない。あんたらの信仰を排除しようってんじゃなくて、俺たちはそういう信仰なんだ。

「あんたらの信仰じゃ、地獄ってのはあるのかい？　死んだらどうなるんだい？　人類はどうやって誕生したって説明されるんだい？　俺たちのところじゃ、アダムとイヴが最初ってことになってる。イヴが悪魔の誘いに乗ってリンゴを食べて、アダムもそれに誘われて食べた。それで追放された。それで、キリストがその原罪を背負ってくれるんだ。キリストは神の息子なんだ。

「こないだシナゴーグに押し入って次々に人を殺した奴がいただろ？　ああいうことを日本でやったらどうなる？　ちゃんと裁かれるのかい？　アメリカじゃ、裁判を待たなきゃいけねえ。でもな、個人的に言わせてもらえれば、そんなことをした奴は、捕まえてすぐに首をくくって殺して、みんなの前でさらし者にしてしまえばいい。それをテレビで中継すりゃいいんだ。そうすりゃ、そういうひどいことをする奴が増えるのを防いでくれる。もちろん、やったかどうか疑わしいケースは別だぜ。だけど、明らかにやってる場合はそうすりゃいいと思う。

「文化とか信仰とか見てくれとか、いまはみんな違うけど、死んで天国に行きゃ、みんな一緒だ。俺もあんたも、あの世じゃ、同じなんだ。いま違うからといって争うのは間違ってるよ」

少し離れたところでは、マコトが、髭が似合う白髪の渋いおじいさんの話を聞いている。そもそもは、この男性が唐突に神の話をはじめたのだった。

「トランプ〔大統領〕にはいろいろと問題はあるが、彼は同性婚とか中絶とかに反対してる。アメリカは聖書に基づいてつくられた国だから、それは正しい。それで、問題はあるけど支持してるんだ」――マコトによると、男性はそう言ったという。

こちらから話題を持ちかけたわけでもないのに、いきなり話題が神やキリスト教、宗教的信仰におよんだことが、ちょっとした衝撃でもあった。彼らの発言は明白に、強い信仰心に裏打ちされていた。大都市の洗練されたスタイルとはあきらかに異なる田舎の服を身につけ、生硬にして実直な雰囲気をまとい、粗野な話し方をする中高年の男たちが、平日の昼間からガスステーションの周囲にたむろし、通りすがりのアジア人を相手に信仰を熱く語る。これはいったいなんだろうか。

トランプ大統領当選直後、にわかに話題にあがることが多くなった、「アパラチア山脈地帯」や「バイブル・ベルト」、「ヒルビリー」――いちいちひとつひとつの名詞をカッコに入れたくなるくらい、それらの言葉はステレオタイプなイメージをともなった言葉として流布した。そして、眼の前にいる男たちは、それらのステレオタイプにあまりに合致するのだった。言葉を交わしたのは、ほんのつかの間のことに過ぎない。だから、余計に僕のこの記述はあやうかった。彼らがなにをして生計を立てているのか、失業中なのかすでにリタイアしているのか、生活保護を受けているのかあるいは別の手立てがあるのか、わからない。何世代にわたってそこに暮らしているのかも、どのような積年の想いを継承しているのかも、なにが楽しく、なにが苦しいのかも、わからない。

それでも彼らは、異文化や異教徒に対し、配慮を見せることを忘れていなかった。もちろんそれは、「表向きは」ということかもしれない。僕らがアジア人でなく、黒人や先住民だったら、事情も違っていたかもしれない。だが、それすら憶測に過ぎない。少なくともわかるのは、いまこの瞬間、彼らの声を聴き、所作を見るかぎり、世に言う「分断」とやらを彼ら自身が望んでいるわけではないということだ。こういう人たちが非都市部を中心に広範にわたって散らばり暮らし、それぞれにぎりぎりの状況を生きているのだとすると、大学教育を受け、異なる制度と環境のもとに職を得て暮らす者たちが、リベラリズムや多文化主義や文化的寛容を説き、その重要性を「理知的」で「ロジカル」に訴えても、空疎であるばかりか有害でしかないようにさえ思えてくる。

乱暴に言えば、国家政策と直接に結びつき、「国益」への貢献が期待される国際政治学や経済学などは例外として、人類学や歴史学、文学などの人文学系のアメリカ研究者にとって、民主党を支持し、共和党を批判することは、ひろく受け容れられやすい、政治的に正しい判断となってきた。ドナルド・トランプが共和党の指名を経て大統領になったときも、リベラルとプログレッシヴを基軸とする米国アメリカ学会は当初から強い懸念を表明し、明確に堂々とトランプの発言と政策とに反対の立場をとったし、これまでも総じて共和党の政策に批判的だった。

もちろんそれにには理由がある。アメリカの二大政党にはそれぞれ、利益を代表する団体が背後に控えていて、それがそのまま各政党の政策のアジェンダに直結しているからだ。銃を規制するのかしないのか、中絶の権利を女性に認めるのか生まれる前の生命を優先するのか、低所得者層の福祉に力を入れるのか高額所得者に有利な税制をとるのか、等々。そして、それらの争点は一国のうちの磁場のなかで、「リベラル」対「保守」という文法のもとに整理される。だから、批判理論を勉強した知識人たちの多くは、結果として民主党の支持にまわる。僕自身もそうだったから、わかる。

しかしここに、各地域で生業に従事する生活者たちに、大きな妥協を強いることになる契機が発生したように思えてならない。実際にはそれほど単純でない社会的課題を、わかりやすい争点に、のちにはさらにわかりやすいレッテルや派閥、支持政党のプロパガンダにつくりかえることで、この国の政治は「民主主義」を成立させてきた。それは、かつてのアメリカ先住民部族社会や日本の村落共同体が有していたであろう、長老を中心に時間をかけて誰もが納得するまで話し合い、ひとつの答えにたどり着く、「寄り合い」のような民主主義のあり方——妥協の引きだし方／つくり方——とは、根本的に異なっている。政治が妥協であることはよく知られているが、二極にわかれて声高なスポークスマンの言葉を借りて議論をくりかえすなかで、重大な声がとりこぼされていき、いつしか当人たちすら意識できないところで、生業や生活を営む身体と、利害や信仰を説明し弁明する言語とのあいだに、致命的な乖離が起きたのではないか。そしてそれがゆえに、ひとたびそのことが意識されると、権力はそれを巧みに利用してきたのではないか。妄想とも空想ともとれぬ想念の群れが、静かに脳内を駆け巡り、内省を迫り、やがて音もなくどこかへと沈んでいった。

去り際に、僕の話し相手だった男性が、帽子を見せてくれる。そこには、彼が思いついてつくったという歌詞が印刷されていた。神（Lord）を賛美し、神に語りかけるような内容の、ごくありふれた賛美歌の詞だった。ユニークさやオリジナリティは認められなかったが、聴かせてくれた彼の歌声は、驚くほどみごとで、うまかった。普段はその帽子を二〇ドルで売っているのだという。

「でも、いま手持ちの帽子がないから、売れないんだけど」と男性は言った。

もしかすると、最後の最後で、別れ際に売ろうとしたのかもしれない。だが、抜け目なく売りつけたりふっかけたりする態度に徹しきれないその感じが、ほほえましくもあった。そして、僕らのレンタカーがミネソタ・ナンバーだったからか、最後に誇らしげにこんなふうに言った。

「じつは娘がいまミネソタにいるんだよ。娘は三〇代で、ミネソタにある店でマネージャーかなにかの仕事をしてるんだ。三〇代でそんな仕事につけるなんて、すごいことなんだ」

そうなのかもしれないな、と僕は思った。それがどんな店なのか尋ねても、父親である彼からは要領を得た答えがなかったが、店の種類にかかわりなく、この町を出てミネソタに行き、そこでなんらかのお店の管理をまかされるということは、本当にすごいことなのかもしれなかった。

僕らは何度か礼を言って別れた。

車で移動しながら、僕らはマコトのパートナーに勧められたもうひとつの場所に向かっていた。ひたすら車で北上し、曲がりくねった山道を進んでいくと、オハイオ州とペンシルヴェニア州にはさまれたあたりで、突然それは姿を見せた。

鈍い衝撃のようなものがあった。晩秋に入ったアパラチアの森林のなか、インドの色彩をまとった巨大な建造物がそびえたっているのだった。ハレ・クリシュナの寺院だった。建物と周囲のコンテクストとが、こちらの文化的指標にまったく合致しないため、おそろしく奇抜で、特異な感じを受け、思わず声が漏れた。

「なんじゃ、こりゃ」

夕方五時をまわっていたため、豪奢なつくりの《プラブパーダ宮殿 Prabhupada's Palace of Gold》のなかには入れなかったが、周囲を見てまわることにした。さらに先に進んだところにヴィジター・センターがあり、その周囲にも寺院や宿泊用ロッジがある。ヴィジター・センターのなかにいたマドリという名の女性が迎えてくれ、陽が沈む前にまず敷地内を散歩してみるといいと勧められる。

僕らは言われるままに、ロッジが建ち並ぶ小さな湖の周囲をあるいてまわった。閑散とした敷地内のところどころに白鳥が泳ぎ、ロッジの周囲には多数の孔雀《くじゃく》がたむろしていた。そのあいまに、原色系を中心とした独特の色調をほどこした大きな像が建っている。ハレ・クリシュナの聖人なのだろうか。座り込んだ象の石彫まである。大自然のなかにつくられた静寂で平穏な空間のなかに、溶け込み調和することを拒む色彩の建造物やオブジェがなにごとかを訴えるようにして置かれ、それらを前に呆然となった頭で僕らは引き返してきた。

ヴィジター・センターに戻ると、先ほどの女性、マドリが話をしてくれる。

「ハレ・クリシュナは、詠唱（chanting）に重きをおいたムーヴメントで、世界中にその拠点があるんです。わたしはポーランドで生まれ、キリスト教徒でしたが、このムーヴメントのことをポーランドで知って、それで参加して実践することにしたんです。その後、カリフォルニアなどいろいろなところに住んだけれど、しばらく前にこのあたりに移ってきて暮らしているの。

「ハレ・クリシュナは、ヒンドゥー教のひとつだって説明されることもあるけれど、実際にはもっとひろがりがある実践だと思うわ。わたしたちには教祖がいるんです。わたしは彼に直接会ったことがないけれど、わたしの夫は会ったことがあるの。人として、とても魅力のある人間です。彼は、『バガヴァッド・ギーター』を英語に翻訳したんです。『バガヴァッド・ギーター』はいろんな翻訳があるけれど、彼の翻訳は政治的な目論見というものがなく、素直な訳なんです」

話しながらマドリは、爛々と眼を輝かせ、なにかに酔いしれたような恍惚の表情をみせた。

そして、こういうことについて話すのがうれしくてたまらないという様子で、「あなたたちみたいに探究心の強い人たちが訪れることは少ないから、とてもうれしいの！」と言った。

彼女の口にした教祖の名前が聞き取れなかった。そして、興奮のなかで語るマドリに尋ねるタイミングを失ってしまったが、おそらく、クリシュナ意識国際協会の創設者、A・C・バクティヴェーダンタ・スワミ・プラブパーダのことだと思われた。

クリシュナ・ムーヴメントについて僕が知ることは、ほとんどない。ビートルズのギタリスト、ジョージ・ハリソンが帰依し、歌のなかに「ハレ・クリシュナ」のマントラを取り入れ、経済的にも支援したこと、アメリカをはじめとする西洋へのひろまりの背景に、おそらくは六〇年代のカウンター・カルチャーと非西洋的・非近代的な価値意識の模索があったこと、平和を愛し、友愛を説き、菜食主義を貫き、それと同時に信仰に基づきダーウィニズムを否定してみせていること――それくらいの知識しか持ち合わせていない。

寺院のなかでは詠唱がおこなわれている。広い入り口で靴を脱いでなかに入ると、独特の色彩をおびた絵画や彫刻が配置されている。牛がたくさん描かれた絵、ライオンの擬人化された絵、人物像、アニメのようなキャラクター……。まったく馴染みのない世界観がそこにはひろがっていた。

その後、食堂に招かれ、米とカレー、スープをいただく。質素だが、うまい。そして結局、ここの部屋に泊まらせてもらうことになった。本来は一〇〇ドル以上する部屋のようだが、半額で泊まらせてもらえるという。きれいに掃除された静かな部屋で、僕らは深い眠りに落ちた。キリスト教世界からヒンドゥー世界への瞬間移動に、身体がついていかない感じがあった。

一〇月三一日(水) 曇り、晴れ、雨

静かな環境のなかで爆睡しつつも二度ほど鮮明な夢をみて、翌朝七時に目覚めた。起きだして準備し、昨日マドリに勧められたとおり、近くにある牛舎に行って搾乳しているところを見せてもらうことにする。

牛舎には牛が一〇頭ほど集まっていて、なかでは二人が作業をしている。アナンダという男性が僕らを間近に招き、いろいろと質問に答えてくれる。ここにいる男性はみんな、後頭部の一部をのぞいて頭全体を坊主に丸め、うしろの髪だけを伸ばして結んでいる。搾乳のあいだも、寺院でおこなわれている朝の詠唱が中継され、スピーカーから聞こえてくる。

「このファームでは二〇頭ほどの牛を飼っていて、朝になると牛のほうから牛舎に降りてくるんです。搾乳のときにビタミンなどを混ぜたスナックをもらえるから、自分たちで勝手に降りてくるんですよ。

「私は一九八六年から信徒になりました。最初のうちは旅をくりかえして、いろいろな寺院を訪ねていましたが、いまはここで搾乳を担当しています。ここの牛は、基本的には干し草

を食べて生きていて、そして搾乳のときにビタミン入りのスナックを食べます。病気にならないかぎり、抗生剤などは使っていません」

九時過ぎに食堂へ行き、朝食をいただいた。米と野菜を混ぜて煮込みカレー風味に味付けをした雑炊のようなものをメインとし、スパイスを入れたピクルス、ヨーグルト、フルーツなど。肉も卵も使わない野菜中心の食事。ただし、乳製品は許されている。

受付でチェックアウトをすませ、お礼と別れを告げるためにマドリの姿を探すが見当たらない。かわりに受付席には、別の白人女性が座っていて、質問するといろいろと話してくれた。彼女の言葉には南部アクセントがなく、北部英語に慣れてしまっている僕には聞き取りやすい。

「ここに私たちがやってきたばかりの頃は、周囲の住民との関係がとても険悪だったの。このあたりはレッドネックが住んでる地域で、彼らはとても閉鎖的だから、私たちがローブ衣装を身につけているのを見て、拒絶反応を示したの。一度、地域の女性が行方不明になったときにこの寺院が疑われて、バイクに乗ったギャングたちが乗り込んできたこともあった。それで、信者が数名、その人たちによって銃撃されたのよ。死者はでなかったけれど、けが人がでたわ。いまでは、この寺院でイヴェントを開くたびに世界中から信者が集まってくるし、そのおかげで地域にお金が落ちることもあって、文句を言う人はもういない。私はここから二マイルほど離れたところに住んでるけれど、周囲にいる信者でない人たちはとても親切で、いろんなことを私のためにしてくれるわ。

「私はキリスト教徒として育ったから、キリスト教との比較でハレ・クリシュナを捉えることができるの。ハレ・クリシュナでは、『人は魂であり、肉体を有する（You are the soul, and you have the body）』と考える。人の肉体は変化するし滅びるけれど、魂は変わらずにそこにあるって考えるの。ただ、肉体に覆われていて、魂というものがなんなのかわからないから、みんなそれをわかろうとする。そこがキリスト教と違うところね。キリスト教では、『人は肉体であり、魂を有する（You are the body, and you have the soul）』って考えるの。

「たとえば、ちゃんと機能するすばらしい車があったとしても、運転手がいなければ、その車はうごかないでしょ？　運転手がひとたび運転席に座れば、その車を使っていろんなことができる。でも運転手がいないと、車はなんの意味もない。それと同じよ。どんなに立派な肉体があっても、魂がないとうごかない。

「同じ理由から、人が亡くなると私たちは火葬にする。肉体を焼いて、魂を解放するほうが、魂は自由に発展できる。肉体が残ると、魂はその肉体への愛着があるから、いつまでもそのことを引きずってしまうの。だから、肉体の周囲を漂うことになる。ちょうど携帯電話をなくしてしまったり、お気に入りのジャケットをなくしてしまったりしたときと同じで、単なるモノであっても愛着を覚えて、それがなくなると落ち着かなくなるでしょ？　それと一緒ね。

「キリスト教の聖書は、肝心の神についてはなにも教えてくれない。絵でも、神そのものは描かれない。顔のない老人のようにして表現されるの。どんな人だかわからないから、顔は見えなくて、ただ知恵があるから、老人に違いないということで年寄りとして描かれる。でもクリシュナは描かれる。

「ハレ・クリシュナは、『バガヴァッド・ギーター』を使うけれど、ヒンドゥー教ではないの。クリシュナの教えの最も重要なところ、そしてほかの宗教とも共通しているところは、神の愛（love of God）ということよ。ここの寺院では、愛のもたらし方を訓練するの。人を愛したら、物をプレゼントしたり、なにか親切にしたりするでしょ？　それと一緒で、ここの人たちはほかの人に食べ物をあげたり、なにかをほどこそうとしたりする。それが愛の実践なの。

「私たちが牛を殺さないのは、牛があらゆることをくれるからよ。牛乳だけじゃなく、牛のフンは消毒や薬など、いろいろな用途に使う。それだけいろいろなものをもたらしてくれるのに、なぜ殺してしまうの？」

女性の語りは四方八方へと展開し飛躍したが、そのすべてが、目が覚めるほどの濃密な信仰に満ちあふれていた。僕たちがハレ・クリシュナについてあまりに無知であるがゆえ、昨日のマドリも、今日の眼の前の彼女も、牛舎の彼も、なにごとかを説明してくれようとしていた。それは決して押しつけがましいところがなく、嫌な感じもなかった。どういう事情があってキリスト教徒だった彼らがハレ・クリシュナに出会い引き込まれることになったのか、わからない。あるいは、彼らの日常がどのようなものなのかも、わからない。ただ、彼らのたたずまいは、なにごとかをすでに受け容れ、ウェストヴァージニアのアパラチア山脈の片隅に建てられた寺院の近くで、菜食主義に近い食事をとり、牛を愛し、人を愛し、生き物を愛し、人工物だろうが自然物だろうが、あらゆる万物を愛し、マントラを唱え、お経をよみ、社会に、世界に、宇宙にそっと触れる生き方を実践する人のそれであるように思えた。しかし、そのように静かに、やわらかに生きて暮らすためには、とてつもなく強い信仰を保ちつづけなければいけないのかもしれなかった。

受付のそばにはいくつかの本とおみやげ品が売られている。ジョン・レノンとジョージ・ハリソンの写真が表紙に掲載された本が平積みになっている。それを手に取る僕を見て、女性は言った。

「ハレ・クリシュナに影響を受けた人としてジョージ・ハリソンが有名よね。彼の名前に注目すると、ハレ（Hare, Hari, Harri）の息子（son）になってる。面白いと思わない？」

僕はなんと言って返していいのかわからず、あいまいにうなずき、偽善的に微笑み、「なるほど、たしかに面白いですね」などと返した。

僕には、にわかには受け容れがたかった。うまく信じることができなかった。

けれども、信仰とはこのようなものではないだろうか。哲学者たちが言葉の語源にこだわり、時代の流れのなかで引き継がれつつ時として変更されてきた意味と想念に思いをはせ、言語学者が言葉の起源にこだわってラングとパロールの変化を研究し、民俗学者が文化圏を超えて物とともに交易し交換（交感）される言葉の肌理《きめ》に注目するように、彼女は少しばかり違った角度から、しかし同様の迫力と気概をもってある言葉のうちにあるそれぞれの文字の連結、語感、響き、意味を捉え、その背後に横たわる、なにか別のことがらとの関連を語ったのだ。そして、それができるためには、哲学者にも言語学者にも民俗学者にも、そして眼の前の女性の側にも、言葉と言葉とのあいだ、言葉と事象とのあいだにある、結びつき、連関、共振へのゆるぎない信頼がないといけない。解剖、分析、解釈に値するなにごとかが、言葉の内奥、背後、根底に、あると信じていないといけない。

実際に彼女の言ったことは正しいのかもしれなかった。ヒンドゥー文化圏の歴史にも現状にも、そこに展開する奥深い宇宙観にも、あまりに無知な僕にはわからないことを、彼女は口にしたのかもしれなかった。そしてわからないがゆえに、にわかには受け容れがたい信仰に出会ったと僕は錯覚し、あいまいにうなずいただけなのかもしれなかった。

ハレは、ヴィシュヌの呼格 Hari であるという解釈と、クリシュナの恋人でありエネルギーの源泉であるラーダーの呼格 Harā であるという解釈があるらしかった。サンスクリットは、多義語であるがゆえに、二つの解釈は相互排他的ではない。

もともとは、紀元前のアーリア＝インド語のなかで、インダス川の向こう岸の地域、あるいはそこに暮らす者たちを意味した「ヒンドゥー」という言葉が、ヨーロッパ人によって多岐にわたる信仰実践をひとつの範疇にまとめあげる言葉として「ヒンドゥー教 Hinduism」と概念化され、あとになって逆輸入されるにいたったのは最近のことらしかったが、それと同様、ひとつの言葉は、その時々の環境と権力のあいだに成立する地政学のもと、聞き違いや言い間違いを含むあらゆる言葉と言葉の交換＝交感のなかで、拡張、縮小、展開、飛躍、破裂、再生、混淆、衝突をくりかえす。だとすると、ヴィシュヌとラーダーを指す「ハレ」と、「ハリソン＝ハリー（ヘンリー）の息子（Harrison＝Harry's (Henry's) Son)」の父である「ハリー」とが交錯しても、不思議はない。

連想が連想を呼び、なにかとてつもない宇宙の深淵を覗き込めそうな気分に襲われたが、それが十全に展開するためには、何年もの修行が必要な気がしてきた。貧弱な妄想は、小さな粒になって牛の匂いにまみれ、やがて鼻腔の奥に沈んでいった。

礼を言って女性と別れ、僕らはポイント・プレザント（Point Pleasant）という小さな田舎町を目指した。途中、パーカーズバーグという町の《ユニティ・カフェ》というかわいらしいカフェに立ち寄り、コーヒーとクレープとで休憩をいれ、ブルガリア出身の女性オーナーとウェストヴァージニア大学で看護学を専攻しつつ店で働く若い女性と言葉を交わし、先を急いだ。

午後三時過ぎ。僕らはポイント・プレザントに到着した。ここに来たのは、《モスマン・ミュージアム》に立ち寄るためだった。

モスマン（Mothman 蛾人間）は、この町を一躍有名にした伝説的生き物だ。一九六六年一一月一二日に初めて目撃されたのを皮切りに、多くの目撃情報が寄せられるようになった。町はある種のパニックに陥り、ジャーナリストが取材に訪れ、自警団が組織され、モスマン探索チームが結成された。巨大なフクロウである、汚染物質によって突然変異した鳥である、虐殺された先住民チーフの呪いであるなど、いろいろな説が飛び交った。

そして、その約一年後に運命の日がやってくる。一九六七年一二月一五日、夕方のラッシュ・アワー、オハイオ・リヴァーをまたいでこの町とギャラポリスとを結ぶ交通の要であったシルヴァー・ブリッジが崩落し、四六人が犠牲になったのだ。

《モスマン・ミュージアム》は、ビルの一角に入った小さな博物館で、手づくり感満載のつくりに親しみがわいた。入り口近くではモスマンに関するドキュメンタリー映像が流れている。それによると、モスマンは、チェルノブイリの原発事故やメキシコでの事故の前にも目撃されているという。さらに部屋の奥へと進んでいくと、モスマンの目撃情報を報じた新聞記事が貼られている。ざっと見たところでは、展示パネルのほとんどがモスマンを、第二次世界大戦で使用された爆発物ＴＮＴの倉庫跡地の環境汚染と、シルヴァー・ブリッジの崩壊事故とに関連づけている。そして、モスマンの目撃情報が、橋の崩落までの約一年間に集中しており、そのあとはパタリと目撃されなくなっているのも興味深い。

もちろん、すでに指摘されているように、モスマンがなんらかの大きな生物を誤認したものだった可能性は十分にある。しかし、重要なことは、その大型動物が文化的になんらかの意味を持ちうるものとして知覚されたことだった。したがって、本当にモスマンがいたかどうか、あるいはそれが本当はなんだったか、という「真実」を追求する問いから離れて考えてみる必要がある。

モンスター、怪物、妖怪、もののけ、半人、半神、妖精、宇宙人、未確認生物（cryptid）――いくつもの呼称で知られるなにものかが、あるいはなにごとかが、時代によって、言語・文化圏によって、異なる意匠をまとって生成する。人間種が生まれる以前から、それらが時空間を漂っていたのかどうか、人以外の動植物がそれらを見ることがあるのかどうか、わからない。しかし、人の認識がその対象を構成するという考え方をとれば、認識の枠組みにおさまりきらない出来事、つまり文化的に参照できる指標がない出来事を経験したとき、人は「幽霊」やその類のなにかを見やすい――そのことを、これまでの事例と研究の蓄積は教えてくれる。虐殺、戦争、大災害、不慮の事故――生きたかった人びと、生きられたはずの人びととの断ち切られ、果たされなかった想いを、ごく普通の感性を持った人は既成の文化枠組みのうちで処理しきれない。だから、生き残った者たちの認識が、見たくても正視できないもの、つかまえたくても捉えきれないもの、あるいは逆に、見抜くことができないのにひっかかりを覚えるもの、語りえないのに知覚を迫るものを前に、ブレたり、飛び跳ねたりして、うごく。

そうやって人は、事後的に、その「なにごとか」にみいられる。認識の枠組みの網の目をくぐりぬけ、漏れでて、とりこぼされてしまったなにかと、自らの身体に刻まれた数々の想いの記憶の残像とが、いくつかの鮮烈でありながら曖昧模糊とした表象のうちに実を結ぶ。それを、場合によって、「幽霊」と名指す。

だがモスマンは、惨事のあとに事後的に「幽霊」として出現したわけではない。どちらかというとそれは、「警告」の意味合いを持っていた。だとすると、事故のあとに過去にさかのぼって、本来無関係だったはずの目撃情報を事故と関連させ、「予知」がつくられ補強されたか、あるいは、なんらかの情報から橋の老朽化を意識した人たちの「虫の知らせ」か。

しかし、本当にそうだろうか。それだけだろうか。人類学者のクロード・レヴィ＝ストロースが著名な論文「呪術師とその呪術」(『構造人類学』みすず書房、所収)で、トラウマを抱えた患者とそれを治癒する精神科医の関係になぞらえて、社会・文化的危機を経験する社会の構成員と呪術師との関係を説明したように、妖術や妖怪や幽霊やＵＦＯなどの目撃事象を呪術的語りの一種として捉え、その役割や機能を強調して説明できた気になるだけで、事足りるのだろうか。

子どもの頃にみた夢のことが、ふたたび、想起された。

家の前の交差点の中央に、マンホールのかわりに四角い鉄板がおいてあった。その鉄板の上に、胴体から下を切り取られ、上半身だけになった男の人が、うめきながら、両手を組んで祈りを捧げている。あたりは血の海になっている。助けを求めているようにも見えた。声をあげてはいるが、なにを言っているのかは聞き取れない。男性は、その頃に通っていた北陸の田舎町にあった幼稚園の神父さんだった。ひょうきんで愉快なオランダ出身の神父で、ユーモアを交えて英単語を教えてくれたり、スクールバスの運転をしてくれたりした。その神父さんが、うめき声をあげて助けを求めているのだ。僕は怖くて仕方がなかった。

夢はふつう、書き留めないかぎり、すぐに忘れてしまう。しかし、あまりにも強烈な映像だったので、いまでも脳裏に残っている。そして、その夢をみて一週間ほど経った頃だと思う。幼稚園で、神父の母親が亡くなり、くにに帰っているというアナウンスがあった。僕はさらに怖くなった。

いま、何十年もあとに振り返っても、あれはなんだったのだろうかと思う。幼い頃には、おそらく多くの人がそうであるように、不思議なものを見たり、経験したりする。ふすまが勝手にうごいたり、誰もいないトイレの明かりがついたり、予知夢をみたり。ただ、このマンホール・カバーには、もうひとつ嫌な思い出がある。先の夢と神父の母の逝去から数年後、小学校にあがり知り合った近所の友人たちが、夏の陽のもとで灼熱になった同じ鉄板の上で、生きた蛙を焼くのを見ることになったのだ。無垢な子どもが残虐行為に手をそめることはよく知られているが、そのとき僕はみなを止めることができないまま、ただ、早くもう帰ろうとだけ言い残して、その場を立ち去った。この記憶と重ねると、もしかすると、先の予知夢は事後的につくられたのだろうかと思ってみたりもする。

「基本的に、ええことしてんねんな」マコトが言った。

「ああ」と少しの間をおいて僕は返した。夢想から現実に戻るのに時間がかかった。

「悪いことがある前に、知らせてくれてるっちゅうことやろ?」

「まあ、そうだな」

「何回もあらわれて知らせてくれてたけど、わかりませんでしたっちゅうことやんな」

「たしかに」

マコトの言うとおりだった。このミュージアムにある記述を読むかぎり、モスマンが人に危害を加えた事実はないようだった。怯え、おののき、対策チームをつくり、捜索にうってでるのは人間の側だった。自分たち以外の生き物や、モノ、現象、場合によっては人間を、「非人間化」し、自らを守ることばかりを思うあまりに攻撃に転じるのは、自然や他者を操作の対象と見ることに慣れきってしまった僕を含めた多くの人びとの癖だった。自分を、自分の家族を、自分の共同体を守ろうとして、人は暴力に手をそめ、それを華麗に正当化する。

ミュージアムの外に出ると、そこにモスマンの銅像が建っていた。

事故から五〇年以上経ったいまでも、人びとがこの町のこの小さな博物館を訪れる理由のひとつに、二〇〇二年に公開されたリチャード・ギア主演の映画『プロフェシー（The Mothman Prophecies）』（マーク・ペリントン監督、二〇〇二年）がある。これは、ジャーナリスト兼作家で、UFO研究家でもあるジョン・A・キールが、一九七五年に出版した同名の本が原作で、『モスマンの黙示』（植松靖夫訳、国書刊行会、一九八四年）として邦訳もある。書籍化のときは違ったかもしれないが、映画化されたときには、モスマンはすでにエンターテインメントになっている。

痛快といえば痛快だった。モスマンと事故との関係をどう見るのかということとは別に、モスマン伝説は、この町の発展に寄与していると考えていい。ホテルのロビーのソファに座っていたおじいさんによると、映画がリリースされた二〇〇二年から毎年、《モスマン・フェスティヴァル》なるものが開催され、一万人ほどの人たちが集まるという。僕は、それだけの人びとがモスマンのコスチュームに身をつつんで全世界から集まってくるところを想像した。そこでのモスマンは、完全に無毒化されている。だが、それがゆえに、この町の持続と発展を支えてもいる。痛快といえば痛快だ。

僕らはモスマン像の前に立ち、写真を撮った。

「すげえな」マコトが笑いながら言った。

「ああ、すげえ」僕も笑った。

この像もまた、かたい文化に属するモニュメントには違いなかった。しかし、同じ銅像でも、リー将軍やその他の英雄などに比べ、モスマン像ははるかに謙虚でユーモアがある気がした。

「モスマン・パワーやな。これを見に、毎年一万人が集まんねんで。モスマンさまさまやん」マコトがつづけた。

「たしかに」

僕らはそのまま、近くにあるトゥ＝エンディ＝ウェイ州立公園（Tu-Endie-Wei State Park）まであるいた。公園の中央近くに、高い塔が建っている。一七七四年一〇月一〇日に生じたポイント・プレザントの戦闘を記念して建てられたものだった。ショーニー族のチーフとして知られていたコーンストーク（ホコレスクワ、あるいはKeigh-tugh-quaとも記載がある）率いるインディアン連合と、アンドリュー・ルイス将軍率いるヴァージニア植民地軍とのあいだで起きた壮絶な戦いだった。碑のもとにおかれた説明によれば、この戦闘ではわかっているだけで、先住民たちに二三三人の死傷者が出た。植民地軍にも死傷者はあったようだが、彼らの名前がひとりひとり記録されているのに対し、先住民側の死傷者は名前がない。あるのはコーンストークの名前だけである。

公園をぐるっと一周するようにしてあるくと、隅にコーンストークの墓が建っていた。コーンストークはポイント・プレザントの戦闘を生き延びるが、しかしそののちに先住民たちは土地の一部を手放す条約締結を余儀なくされる。そしてコーンストークは、この戦闘の三年後、殺害される。

なにかが胸のうちで静かに騒いだ。モスマンは、殺された先住民チーフの呪いであるという伝説があったというが、もしかするとそれはチーフ・コーンストークのことだったのかもしれない。侵略され、土地を奪われ、殺された側から見ても、強奪し、強要し、殺した側から見ても、なんらかの怨念が漂いつづけ、なにかをきっかけに具象化する可能性を夢想するだけの理由があるように思えた。殺された側の積年の想いと、殺した側の事後的な罪責感とが、ここにきて奇妙な協業に従事している気さえしてきた。しかし、それは対等な共同事業ではありえず、両者のあいだにははかりしれない不均衡が横たわっていた。

公園のまんなかにそびえる大きな碑と、隅に置かれたチーフ・コーンストークの墓の対比が、いつまでも眼裏《まなうら》に残った。

一一月一日（木）雨、曇り

翌朝目覚めると、ホテルの向かいにあった《コーヒー・グラインダー》というカフェで朝食にオムレツとトースト、コーヒーをとったあと、チェックアウトして、フロントに座っていたおじいさんの情報をたよりに、シルヴァー・ブリッジの追悼碑を見にゆく。その後、川に沿ってあるくと、堤防に描かれた絵が眼をひく。先住民たちが暮らしていた時期から白人たちが住み着くようになり戦争がおこなわれるまで、この町の歴史が短くもツボをおさえたかたちで描かれていた。しかし、もちろんそのなかには、モスマンの絵は出てこなかった。

僕らは最初にモスマンが目撃された《TNTサイト》に立ち寄り、少しばかり時間を過ごしたあと、次の目的地に向かった。

途中、《ヒルビリー・ホットドッグ》という、フードトラックとシャックを混ぜ込んだようなユニークなつくりの店で、名物の一番大きなホットドッグ《ホーム・レッカー》をたのみ、マコトとシェアする。とてもひとりでは食べきれるサイズではない。別の客がアイスクリームをたのむと、オーダーをとっていた若く陽気な女性店員が歌をうたう。どうやらアイスのオーダーがあるたびにうたうらしかった。べたべたとおもねるところがなく、かといって冷淡なわけでもない、淡々と軽快にその場でサーヴし、のびのびと仕事している様子が華麗だった。

支払いをするとき、アメリカン・エクスプレス・カードは使えるかと僕は尋ねた。

「もちろん」と彼女は返した。そしてすぐに微笑み、「私たちはそこまでヒルビリーじゃないわよ」と加えた。

僕らも誘い込まれるように笑った。

華麗だった。

棘《とげ》の多すぎない、適度に健康な批判精神と、適度に不健康なサーキャズムを身につけた彼女の立ち居振る舞いに舌を巻いた。店内にも野外スペースにも、所狭しと多種多様ながらくたが集められ陳列されている。看板、労働者用ヘルメット、炭鉱用ランプ、帽子、ナンバープレート、工具など、すべて「ヒルビリー」のステレオタイプに合致するようなものばかりだ。

この店のイートインスペースは、廃棄されたバスの車内にある。僕らはそこに移動し、ボックスシートに腰掛け、巨大なホットドッグを半分に切り分けて食べつづけた。テーブルの上には、スパム缶を花瓶がわりにしてそこに花が活けられていて、思わず笑みがこぼれる。

そのあとは、ひたすら移動をくりかえし、先を急いだ。いつもそうなのだが、いろいろなことに眼をとめ、通りすがる人びととなにげない言葉を交わしながら旅をしていると、途中から時間がなくなる。『アンクル・トムの小屋』などの作品で知られる作家、ハリエット・ビーチャー・ストウの博物館に短く立ち寄りつつも、すぐに出発し、メイズヴィルという町で一泊した。

町でいちばんうまいピザが食えると宿で紹介され、メイズヴィルのダウンタウンにある《オ＝ロークス・パブ O'Rourke's Pub》に行って久しぶりに生ビールを呑む。《カントリー・ボーイ》というローカル・ビール。雰囲気のいい店で、オープンエアの席に座ると外の空気が気持ちいい。メイズヴィルの町自体が、雰囲気のよさそうな場所だった。川沿いに《フレンチ・クオーター・イン》があり、同じような値段なのに、僕らがすでにチェックインしてしまった安宿よりも、こちらのほうが雰囲気がよさそうだった。しまった！　失敗だ！

一一月二日（金） 晴れ、曇り、雨

六時過ぎに目覚める。のろのろと起きだし、顔を洗って着替え、記録をつけ、八時にはホテルを出て、メイズヴィルのダウンタウンに向かう。《パルク・カフェ》という名の小洒落た店で、クロワッサンとカプチーノを食す。店の雰囲気がよく、パンもうまい。店内はがらがらでほとんどお客がいないのだが、店員も、たまに入ってくる客も、みんな感じがいい。店のなかも隅々までとてもよく手入れされているのがわかる。

曲がりくねった細い道を上がり、この町を離れようとしたところで、ひとつのパネルが眼に飛び込んできた。解放奴隷も土地を所有するべきだと信じ、ある白人の土地所有者とともに一生涯をかけて活動に取り組んだバプティストの宗教リーダー、エリシャ・ウィンフィールド・グリーン（Elisha Winfeld Green）のパネルだった。「政治的にも活発だった彼は、一八六七年のレキシントンでの集会で、ケンタッキー州黒人共和党の副代表に選ばれた。一八八九年に亡くなるまで、メイズヴィルやパリスのバプティスト教会に大きな影響力を持った」とあった。この町のことが気になり、最後にもう一度車でまわってみることにした。

川沿いの堤防には、昨日のポイント・プレザントと同じく、絵が施してある。それらの絵は、この町の歴史を描写する。先住民のこと、奴隷制のこと、炭鉱のことなど。昨日泊まりそこねた《フレンチ・クオーター・イン》に入り、受付の中年女性に宿の建物の歴史を尋ねる。この建物は古く見せてあるが、実際には一九九〇年頃に新たに建てられたものとのことだった。

「いっときはビジネスが全部丘の上に移動してしまって、みんなこの町を離れ、丘の上に移ってしまったの。それで、ダウンタウンに人をふたたび呼び寄せようと、古い建物の外観を残し、ビジネスを戻す努力がコミュニティによってなされた。丘の上に向かう曲がりくねった道は、もともとバッファローがつくった道なのよ」

眼の前の丘をバッファローの大群が駆けあがっていくところを想像しつつ、僕らは礼を言ってその場を離れた。


次に僕らが立ち寄ったのは《クリエイション・ミュージアム》だった。ケンタッキー州内、オハイオ州およびインディアナ州の州境に沿って流れるオハイオ・リヴァーから、そう遠くない場所に、突如としてその建物は顔を出す。巨額の資金が投じられたことがわかる大きな博物館で、広大な敷地内には庭園がつくられ、テーマパークのようになっている。一角にはなぜか日本庭園らしきものまであり、日本文化のカリカチュアが見学できる。行かなかったが、四〇分ほど離れた場所にはノアの方舟（Ark）を実寸大で再現したものがあるという。

驚いたのは、こんな辺鄙な場所にもかかわらず、かなり多くの人が訪れていることだった。そのほとんどが白人である。ごくたまにアジア人の姿がある。黒人やラティーノだと思われる人たちは、見渡すかぎりひとりもいない。少なくとも僕らはひとりも見なかった。

博物館は、ケン・ハム氏が代表を務める《アンサーズ・イン・ジェネシス Answers in Genesis》という組織によって運営されている。この組織は、進化論を否定し、旧約聖書に登場する創世記をそのまま文字どおりに受け入れ、その理解に基づき自らの世界史を構築する。彼らによれば、創世記のいう「一日」とは文字どおり一日のことで、したがって地球およびその生命圏は何十億年も前に、人から見れば途方もない時間をかけて生成したわけではなく、約六千年前、六日間かけて神によってつくられたということになる。聖書にあるとおり、ヒトは猿やチンパンジーから進化したわけではなく、最初からヒトとして創造された。「近代科学」の浸透した現代の物語によって人類の祖先とされるルーシーも、我々の科学技術によって厳密に検証し再現すると、ヒトではなくゴリラの仲間であることがわかる。恐竜の絶滅も、ノアの大洪水の時期で、それまで人類は、そのほかのすべての動植物とともに恐竜とも共生していた。洪水が起こり、ノアの方舟に乗った人類と幾種類かの動植物が生き残り、のちにふたたび繁栄した。そのような世界史というか、生命史である。

しかしさらに驚いたのは、そのような生命史観をもとに構成された展示が、あくまでも「客観的に」陳列されていることだった。横には、「近代科学ではこう言われているが」というトーンで、自分たちの記述とは異なる解釈が示される。たとえば恐竜絶滅の時期についても、考古学的発見を拒絶するのではなく、自分たちとは出発点が違うのだ、と語る。

展示は情報量が多く、充実していた。そして、その展示を、熱心にノートを取りながら見てまわっている若者たちが複数いた。学校のフィールドトリップで訪れているのだろうか。かなりの数の生徒らしき若者がいる。この歴史記述とその世界観、あるいは生命史と宇宙観は、近代科学のそれを全否定することなく、対等に自らを位置づけ、そのうえでこうして若い世代に引き継がれていくのかと思うと、なにかしら壮観なものに捉えられた感じがして、立ちくらみがしてきた。

「ちょいちょい神様が間違えよるよな」ひととおり展示を見終えた頃に、マコトがぼそっと真顔で言った。

「どういうこと？」僕は訊き返した。

「なんちゅうの。全能の神のはずなのに、自分でつくったアダムが言うこと聞かへんし、ノアのあとに言葉つくったら、今度はみんなが言うことを聞かへんようなるし」

「たしかに」と僕は小さく笑った。

厚い記述をともなったこの圧倒的な展示のなかで、全知全能の神はたびたび怒っていた。せっかくつくったはずの人間たちが、しばしば神の意思に反し、神のコントロールを超え、勝手にふるまうからだ。そのたびに怒って人を罰するが、人はそれでも言うことを聞かない。過ちをくりかえす。ほかの動植物に対して怒っているという記述はないから、問題なのは人間だけということになろうか。ならば、滅ぼしてしまえばよさそうだが、慈悲深いからなのか、そうしようとはしない。少なくともいまのところは、ということだが。

あるいは、僕ら人間は少しばかりの時間的猶予を与えられているだけで、最終的には絶滅に向かうのであって、それはすべて、神の思惑どおりなのだろうか。滅びに向かうプロセスのなかで、個々の人間に関して最終判断をおこなうということなのだろうか。

展示の中盤から後半にかけては、記述が現在に近づく。そして、そうなるにつれ、その政治性もあらわになっていく。たとえば、一九二五年のテネシー州デイトンを舞台とした《スコープス裁判判決》に言及があった。判決自体は、聖書の天地創造説に反して進化論を教えた高校教師のジョン・スコープス氏を有罪としたが、この裁判をきっかけに、こうした従来の法律や公教育のあり方に異議が唱えられ、最終的にそれら「聖書中心主義」は葬られていく。聖書の教えが、現代において徐々に虐げられ、変更され、ないがしろにされ、迫害され、代替され、その結果、ドラッグやポルノ、中絶、同性愛など、彼らの考える「逸脱行動」が社会にはびこることになった。そういう歴史観である。

展示が終わると、書籍やグッズ類の販売コーナーに行き当たる。おいてある書籍を立ち読みすると、中絶反対、同性愛反対の立場が明快に打ち出されている。ただし、それは次のようなレトリックをともなう。つまり、彼らは聖書に基づき、ダウン症の子どもも含めたすべての中絶に反対する。すべての命は、それがどのようなものであれ、神の恩寵によるものだからと言わんばかりである。では同性愛者に関してはどうか。神がすべての人を愛するよう説くのであれば、同性愛者を差別するのは矛盾ではないか。彼らは次のように言う。我々は同性愛者は愛するが、同性愛や同性婚には反対する、と。

そして、そのようなメッセージのなかに人種についての記述もある。要約するとそれは次のようになる。神はひとつの種類の人間しかつくっていない。だから、「人種」などというものは本来はなく、人種主義や人種差別には反対である。環境の差異によって文化的違いはあるし、見かけ上の違いはあるが、神のもとではヒトは全部同じである。しかし、それと矛盾するように、彼らはこうも書く。すなわち、アメリカはキリスト教の国だから、オバマ元大統領の述べた、「私たちの国は、もはやキリスト教徒だけのものではない（We are no longer just Christian nation）」というメッセージには反対である、と。どことなく、アンステッドのガスステーションで出会った男たちの語りが想起された。

敷地の広大さと情報量の多さに加え、なにか根源的にこちらに迫ってくるものがそこにはあり、僕らは消耗し、疲弊した。あるいは、疲弊の原因は、どう考えても受け容れがたい信仰に基づく世界観のなかにいたからだろうか。そしてそれが、ひとつのつくられた物語として割りきり、距離をもって接するには、あまりにも近く、既視感があり、生々しかったからだろうか。

ギャラップ社の二〇一二年の統計調査をあとから調べると、アメリカ人の約四六％がこの種の創造論（Creation Theory）による解釈を信じているという。それに対し、ヒトが神とは関係なく進化したと考える人の割合は、わずか一五%。日本でこの種の統計調査をおこなった場合、その結果がどう出るのかを僕は知らない。しかし、仮にダーウィンの進化論を受け容れている人の数が大多数だとしても、それをもって日本は宗教的でなく、ものごとを信仰とかかわりなく、冷静かつ理性的、批判的に検討できるということにはならない。進化論を受け容れている人びとの大半は、僕も含め、進化論をあらゆる角度から検証したうえでそうしたのではなく、「学校で教わったから」「研究者が書いているから」などの理由で、それを信じているに過ぎない。逆に、アメリカ人の約半数が創造論を信じているからといって、彼らが検証作業によって理性的・批判的判断をくだすことができないということには、もちろんならない。だから、ここにある差異は、単なる科学と宗教との論争ではない。科学対宗教というのは、あくまでも表向きの仮の姿でしかない。科学が仮借なき探究によってつねにものごとを検証し、宗教がつねに信仰によって現行の秩序を補強することを要求するというイメージが誤っている。おそらくせめぎ合っているのは二つの信仰で、一方にはダーウィンの進化論や科学という信仰があり、もう一方には創造論やそれに基づく「若い地球説(Young Earth Creationism)」といった別の信仰があるのだ。ここに設置された展示自体も、そのように主張している——現在の科学とは異なる見解であることは私たちも理解しています、ただ、現在の科学と私たちとでは、出発点が違うのです、と。彼らのこの語りが、文化相対主義に立つ宗教人類学に接近していることを、どう捉えたらよいだろうか。

博物館をあとにし、南に車を走らせ、お腹がへって倒れそうになったところで、午後三時過ぎにバーリントンにある《タウシー・ハウス・タヴァン》という名のレストランに入る。近くのテーブルでは、白人の年配女性たちが宗教について話しながら食事をとっている。カントリー調の家具で埋め尽くされた豪華な空間で、食事もそれなりに値段が高い。フライドチキンとサラダ、スープをたのみ、マコトとシェアする。あきらかに僕らの姿は浮いているはずだったが、南部訛りの若い女性ウェイトレスが親切に接客してくれる。

食事のあと、もう一カ所、風変わりな場所があるから立ち寄ってみて、とマコトのパートナーに言われたところに向かった。《ポープ・リック・トレッスル》と呼ばれる、構脚橋だった。ポープ・リックは、「ヤギ人間」とも言われ、ヤギもしくは羊と人間との中間的存在として表象される生き物である。そして、それにまつわる都市伝説がいくつもある。ひとつの言い伝えによれば、ポープ・リックは催眠術や声の力によって人を惹きつけ、鉄道が通過する線路に呼びだし、死に誘い込む。出自についてもさまざまなヴァリエーションがある。サーカス団の見世物小屋から逃れたフリークス、生贄にされてきたヤギの怨霊、植民者に迫害され抑圧されたインディアンの呪い、等々。

雨が降るなか、鬱蒼とした暗い森のなかを通る細い道を車でのろのろ行くと、この構脚橋が姿をあらわした。

「これか？」マコトが言う。

「ああ、たぶんこれだな」僕が返す。

夕方ということもあって、その姿はたしかに、不気味といえば不気味だった。

この橋は鉄道橋で、見かけは古く、廃線跡のように思われがちだが、いまも利用されており、ときに貨物列車が通るという。そのことが致命的な落とし穴になっている。多くのウェブサイトや新聞記事が伝えているように、実際に何人もの人がここで命を落としているのだが、その主な理由は、伝説をもとにポープ・リックの姿を見ようと探索に訪れた人びとが、使用されていないと思い込んだ線路を通過する貨物列車にひかれるからだった。鉄道会社も地元メディアも危険性を報じ、警告を出しており、その記述にしたがって解釈すれば、ポープ・リックの真実は次のようになる。すなわち、モンスターは実在しないが、そのようなモンスターを真剣に、あるいはふざけてであれ、探し求める行為自体が、結果的に死を呼び込み、事後的に「モンスター」を存在させてしまっている。

「なんや。これだけか」。橋を見たマコトが言う。

「ほかにはなんもなさそうだな」と僕が返す。

この橋以外には、なにもなさそうだった。仕方なく近くのガスステーションに立ち寄り、そこで《ポープ・リック・トレッスル》について尋ねると、近くの公園に行くといいと言われた。僕らはすすめられるままに、ガスステーションの横にある道を先に進んだ。やがて広大な公園が見えてきて、その公園の隅にポープ・リックについての簡単なポスター展示がぽつんと申し訳程度に設置されている。しかし、本当に簡易的な型どおりの説明で、こう言ってはなんだが、かなり貧相なものだった。

僕らは拍子抜けし、あきらめかけたところで、ほとんど空っぽの駐車場にいた数名の人たちに話しかけ、あれこれ尋ねると、どうやら日の入りを待って、なんらかのアトラクションが開催されるらしいことがわかった。さらに別の人に尋ねると、今度は夜八時半から夜中二時頃までイヴェントをやっているとの情報が得られた。雨があがり、虹が出てきた。僕らは一度、ルイヴィル市内に出てホテルを探し、チェックインをすませて出なおすことにした。

夜九時半頃にふたたび公園に行くと、先ほどとはうってかわって、かなりの人数が集まっている。さっきは中年以上が多かったが、今度は高校生ばかりだった。どうやらみんなで夜に集まって遊ぶためのスポットになっているようだった。近くにはパトカーがとまり、警護のためか、防犯のためか、無音のままパトロールのサインをまわしている。

近くの大人をつかまえて話を聞くと、公園の奥の森林内にあるお化け屋敷まで行って帰ってくるツアーがあるとのこと。四〇分ほどの行程で、二一ドル。

「けっこうな値段とるなー」とマコトが言った。

「ああ、高いな」

「ホーンテッド・ハウス（おばけ屋敷）に行って戻るだけやろ？」

「そうみたいだな」

「あれやな。地元高校生のカップルがいちゃいちゃ楽しむ企画やな」

「ああ」

「ほかに行くとこないし、ここに集まるんやな」

「なるほど」

妙に納得するものがあり、きゃーきゃーと明るく前向きに盛り上がる健康的な高校生を見るのに、二一ドル払うのはキツかったので、僕らはそそくさと退散し、ルイヴィルのダウンタウンに移動して《ドク・クロウズ・サザン・スモークハウス》というレストランに入る。雰囲気のいい店で、ドリンクメニューに記載されたバーボンの長いリストが圧巻。おすすめのビールとバーボンを飲み、リブを食べる。うまい。かなりうまい。

いま頃、ありあまるエネルギーを持てあました十代なかばの若者たちは、人生のスリリングで贅沢なひとときを、その強度と儚《はかな》さに気づかぬまま、味わっているのだろうか。そんな余計なお世話を肴に、僕らはトウモロコシの酒を流し込んだ。

一一月三日（土）　晴れ

翌朝、六時半起床。昨夜バーボンを飲みすぎたせいか、胃がキリキリと痛んだ。出発の準備をして記録を書き、八時過ぎにホテルを出る。そして、そのまま近くのカフェでコーヒーと朝食をとり、オーバーンにある《サウス・ユニオン・シェイカー・ヴィレッジ》を目指す。今回の旅は、中間選挙の時期ということもあり、道中の家屋の庭先に候補者名の看板を眼にすることが多い。だが、エリザベスという町では、「Just Be Kind（思いやりを持ちましょう）」というサインをいくつも見かけた。

畑のひろがるとても静かな場所に、この地まで移動してきたシェイカー教徒たちの使っていた古い建物が保存されていた。紹介のヴィデオによれば、彼らは「質素な生活（simple life）」を目指して閉ざされた暮らしを営んでいたものの、テクノロジーは積極的に取り入れ、当時の周囲の人びとよりはるかに快適な生活を送っていたという。各部屋には暖房設備が整い、蓄音機で音楽を聴いて楽しんだ。

大学で文化人類学・民俗学を専攻し、四月からここで働きはじめたという受付の若い女性の話を聞いた。

「このあたりはかつて、タバコと麻（hemp）の農場ばかりだったの。タバコ以上に麻が多かったのだけれど、麻が違法になって、そのあとでタバコも下火になり、いまではほとんど輸入に頼るようになった。いま主流なのは、大豆や麦、トウモロコシですね。ケンタッキーでは大麻合法化の流れは、大半の人に否定的に受けとめられてる。賛成しているのはひと握りの人。カナダとかコロラド、カリフォルニアは合法化に踏みきってビジネスが潤っているから、可能性はあるのにね」

シェイカーたちの施設は、ここに加えてケンタッキー州内にもう一カ所あるが、ほとんどはニューイングランド地方にある。見どころ満載の展示で、二時間ほど滞在し、いくつかの本を買ってその場をあとにした。平和主義を貫き、二元論に基づき早くから男女平等を説いて実践し、しかし、禁欲主義がゆえに自分たちで子どもをつくることはせず、孤児やホームレスなど、外からの子どもを受け容れたシェイカー教徒のことは、あらためて調べてみなくてはならない。

僕らはさらに先を急いだ。高速を走っていると《カントリー・ブリーズ・マーケット Country Breeze Market》という看板が眼に入り、雰囲気がよさそうだったのでそこで昼食をとる。サンドイッチをオーダーし、スープを飲む。料理の見かけはシンプルだがうまい。最初、アーミッシュの人たちのマーケットかと思ったが、どうも違う。独特のうすいピンク色の服を身にまとった女性たちが接客している。一角には神に関連する本やグッズが売られている。客はなぜか黒人が多い。

あとから調べると、どうやらこの店の商品の多くは、アーミッシュと同じくアナバプティストの一派であるメノナイトたちによって提供されているとのことだった。

途中、《ベル・ウィッチ洞窟 Bell Witch Cave》を訪れようと、州境をまたいでテネシー州アダムズに立ち寄る。ベル・ウィッチとは、一九世紀初頭にジョン・ベル一家とその周囲の人びとに訪れた心霊現象で、新聞編集者だったマーティン・V・イングラムによる『ベル・ウィッチに関する公認の歴史（Authenticated History of the Bell Witch）』（一八九四年）にその詳細が記録されている。豊かな細部とニュアンスを切り落としてしまうことになるが、おおよその内容を要約すると次のようになる。そのポルターガイストの名前はケイトといい、一八一七年にベル一家の主、ジョン・ベルがトウモロコシ畑で犬に似た幽霊を目撃したのを皮切りに、家族も犬や鳥のような、いわく捉えがたいなにかを見はじめる。次第にそれは、ベル一家の自宅に接近してくるようになり、やがてドアがノックされ、さらには家のなかに侵入し、子どものベッドシーツが突然はがされたり、ベッドをかじる音が聞こえたり、子どもがひっぱたかれたり、つねられたりとエスカレートしていく。そしてそれは、言葉を話すようになり、何者でなぜあらわれたのかを尋ねられると、アメリカン・インディアンの墓が荒らされたからだと答えたという。

細いローカルな道を行くと、その洞窟の入り口が突然姿をあらわす。だが、ゲートが閉まっていてなかに入れない。電話をしようとするが、電波がなく電話ができない。近くのガスステーション兼マーケットに行き、店員に尋ねる。気のいい中年女性が応答してくれた。すると、一〇月三一日で今シーズンは閉めてしまったとのこと。あと三日早ければ！　かわりに、シティ・ホールにある展示を見にいくといいとすすめられる。店のなかでは、いろいろな食物や食材を売っていて、屈強そうな若い男女が入り浸っている感じがあった。

外に出ると、かつて空軍にいたという退役軍人の男性が話しかけてくる。おぼつかない口調で、日本に配属されていたことがあり、長崎や広島にも行ったことがあるという。ベル・ウィッチについて尋ねると車のなかからごそごそと本を取り出してきて、それについて教えてくれた。だが、滑舌がおぼろで、語りは蛇行をくりかえすかのようで、なにを言わんとするのかがつかめない。僕らは礼だけ言ってその場を離れ、シティ・ホールに向かった。

シティ・ホールは、ガスステーションのそばにあるレストランに隣接していて、ホール自体は閉まっていたが、レストランで事情を話すとなかに入れてもらえた。レストランでは、ベル・ウィッチやこの地域に関する書籍・資料が売られている。店の女性が快く接客してくれる。どこに行っても、みんな屈強で怖そうな顔つきをしていて、こちらとしては最初びくびくするのだが、一旦話しはじめるととても感じがいい。本を買うと、コーヒーをタダで提供してくれた。レストランは家族でやっているのか、中学生か高校生くらいの年齢の女の子も手伝っている。

本を見てコーヒーを待っていると、店内で働く若い黒人男性が話しかけてくる。気のいい若者という印象で、しゃべり方がかっこいい。「キミら、カメラを持って取材している様子だったから、映画スターでも探しにきたのかと思ったよ」とおどけた様子で話してくる。シーズンオフで入れなかったけれど、《ベル・ウィッチ洞窟》に行こうと思っていたのだと話すと、彼はそのことには触れず、かわりに彼の出身地であるジョージア州サヴァンナに触れ、

「サヴァンナはね、アメリカでいちばん幽霊の出る町なんだ。そういうことに興味があるなら、行ってみるといい。怖いからオレは近づかないけど」とおどけた。

シティ・ホールに入れてもらい、なかを見せてもらったが、ベル・ウィッチに関する記述はなにも見つからず、僕らは礼を言って、その場をあとにした。

先を急がなければならなかった。夕食をゆっくり食べられるような大きな町は、途中になかった。高速を降りたところにある簡易食堂《アンクル・ジョーズ Uncle Joe's》に立ち寄り、フライドチキンと肉の三点セットをたのんだ。簡素でアルコールを置いてないが、料理の味はとてもいい。

店内のもうひと組の客だった若い夫婦、デイヴィッドとフィリピン出身だという彼の妻とが、ちらちらとこちらの様子をうかがい、そのうち眼が合って話しかけてくる。デイヴィッドは、屈強そうな見かけとは裏腹に、人懐っこく、「日本が大好きなんだ」と興奮気味に話してくる。

「俺は侍の文化が好きなんだ。侍の刀の技術もすごいと思う。実演している映像なんか見ると、竹をスパッと切ってるだろ。恐ろしいけれど、自分でもやってみたいと思う。でもそれ以上に、侍の道義（honor）ある生き方が好きなんだ。自分が正しいことをまっとうできなかったら、切腹して自害するんだろ。自殺に賛成するわけじゃないし、痛いから俺は嫌だけど、考え方は正しいと思う。

「俺はトラックの運転手をしてて、トラックは外に停めてあるけど、今日はそこに泊まるんだ。俺ら、アラバマから来たんだよ。正直いって、アラバマもそうだけど、俺はもうアメリカに住むのが嫌だって思ってる。多くの人が心を閉ざして偏狭で、俺らみたいに外に向かう志向を持ってない。

「俺は、チェロキー族とクリーク族のハーフなんだ。俺には先住民の血が入っていて、骨がかたいから、ちょっとやそっとのことじゃ倒れない。それに加えて日本の侍の技術があったら最強だろ（笑）。それから、俺のおじいさんのさらにおじいさんは、何代も前だけどアレグザンダー・ハミルトンで、彼は大統領にこそならなかったけれど、ジョージ・ワシントンの側近で、アメリカ建国の立役者だった。ニューヨークの議員もやってた。

「親父がケンタッキー出身だから知ってるけど、ウェストヴァージニアとかケンタッキーの東部とか、アパラチア山脈のあたりは、とても危険だから立ち寄らないほうがいいよ。俺でも近づかないね。偏狭な奴らがたくさんいる」

勢いに乗った語りがしばらくつづいた。眼の前に立つ、タフで、社交的で、話好きで、ユーモアの感覚がある、年若いトラックの運転手の肉体のうちに、追い立てられていった先住民のルーツと、英領ウェスト・インディーズのニーヴィス島に生まれ、孤児となったアレグザンダー・ハミルトンのルーツとが、錯綜し、混淆し、なにかを言いたげに力強く光を放っているような気になってきた。

一一月四日（日）雨、曇り　デイライト・セイヴィング・タイム終わる

七時前に目を覚まし、コーヒーを飲みながら記録を書く。この日の未明、デイライト・セイヴィング・タイムが終わった。ただでさえ、アメリカ大陸の横断は、タイムゾーンを越えるのだが、途中で夏時間が終わると、さらに時間が混乱する。日付が変わった二時間後の真夜中二時に、時計の針が一時間戻り、車で移動をはじめてルイヴィルを越えたあたりで、さらに一時間分、時計の針が戻る。

マコトが冬の現場作業用のパンツを買いたいというので、近くにあった《トラクター・サプライ・カンパニー》という店に立ち寄る。日本でいうところの《ワークマン》と《カインズ》などのホームセンターを合体させたような感じといえばいいだろうか。日本でも《ワークマン》の服が人気のようだが、ニューヨークでもおしゃれな若者たちのあいだで作業着系のファッションがはやっている。もっとも、マコトは映像の仕事で本当に耐性のある服を必要としているのだが。

僕らは服を見たあと、車を走らせ、旅の最終目的地だったファーガソンにたどり着く。途中、セントルイスのダウンタウンを通過するのだが、市街の周辺は廃墟ビルが連なり、荒廃した感じが漂う。

ファーガソンは、休日ということもあり、休みの店が多い。目抜き通りのサウス・フロリ

サント・ロードにある《ドレイクス・プレイス Drake's Place》という店で昼食をとる。入店直後は客もまばらだったが、だんだんと混んできて、あっという間に満席になった。入り口付近に、白人の年配者たちが八人ほど座って食事をしている。あとは僕らをのぞくと、ほぼ全員が黒人たち。日曜の教会帰りなのか、家族で来ている人が多い。僕らはチキン・ウイングとフライド・ラヴィオリ、そしてフライド・キャットフィッシュを食べる。どれもみごとな南部料理で、うまい。

メニューにはレストラン設立の背景が短くまとめて書かれている。デュンドレイク・ソニー・ルイス氏、一四歳からレストランで食にかかわる仕事について腕を磨いてきた彼は、いつかコミュニティの人のための場、みなが仲間として、家族として集まれるような場、階層やカテゴリーや人生の時々における段階に左右されることなく、違いを超えて集まることのできる場として、自分のレストランを持ちたいと考えてきた。その彼が二〇一四年にオープンしたレストランが、《ドレイクス・プレイス》である。そんなことが書かれている。西海岸ハリウッドでも、ニューヨーク・ミッドタウンでも、どこかの高級住宅街でもなく、あるいはセントルイス市内でさえなく、ファーガソンにこのレストランがあることに、なにか感じ入るものがある。

食事のあと、ファーガソン・アヴェニューとウェスト・フロリサント・ロードの角にある《ファーガソン・マーケット》の駐車場に車を停め、ストリートをあるく。《ファーガソン・

マーケット》は、警官に殺されたマイケル・ブラウン氏が最後に立ち寄った店だった。あると、一段と荒廃した感じが伝わってきて、しばし緊張を強いられる。騒乱があったからなのかどうかわからないが、通りの店はそのほとんどが閉まっていて、建物も壊れたり閉鎖されたりしている。

駐車場まで戻り、殺害の現場となったキャンフィールド・ドライヴを車で進み、しばらく行ったところでふたたび車を停め、マイケル・ブラウン氏の碑を探した。見つけだすのに時間がかかったが、花が供えてあったために見つかり、僕はそこで手を合わせた。そんなことをして、なにがどうなるものでもないが、そうせざるをえなかった。

あたりは、荒廃した感じはあるものの、それでも閑静な住宅街で、ブラウン氏に向けられた一二発の弾丸――そのうち六発が命中した――を放った際の銃声は、この地区の住民を驚かせたのではないだろうか。

丸腰の一八歳の若者が、路上で警察官に射殺されるということが、いったいどういうことなのかを考えた。自分がこの地区で、レイシズムや貧困の閉塞感を覚えながらも、血気盛んな青年として高校を卒業し、これからの人生を夢みていたらどうだったろうかと考えた。それから、この地に配属され、見知らぬ若者に引き金をひくことになった警察官のことも考えた。自分が、人種差別が制度化されたこの国で、裕福とはいえない環境で、しかし、主流派の差別する側の人種として育ち、警察服を身にまとい、銃を装備し、馴染みのない地域で見知らぬ者たちに囲まれていたらどうだったろうか、と考えた。僕は、この場所ではマイノリティに違いない。しかし、ひとたび東京に戻れば、日本国籍を生まれながらに付与された男性で、そうしたわかりやすい社会学的範疇をたどるかぎり、冬日の澄みわたる青空のように、マジョリティに帰属する。

自身の妄想が歴史をたどりはじめた。

キリスト教の改革運動ののち、迫害を逃れて新天地に移り住み、しかし先に住んでいた者たちを騙したり、殺したり、飼い慣らしたりしながら、土地を奪い、西へ西へと侵略をひろげ、奴隷たちを使って畑を耕し、作物を育て、料理をつくらせ、子どもたちの面倒をみさせ、奴隷制が終わると、かわりの労働力には移民を入れて酷使し、黒人たちはリンチにかけて恐怖を植えつけたり、ジムクロウ法を通じて権利をまたげたり、大量収監によって存在そのものを貶めたりした。すべては信仰に基づいてのことだった。

その歴史の集積のうえに、二〇世紀のアメリカの繁栄と世界進出とグローバリズムがあり、「自由」と「平等」を獲得し、人権を謳歌する社会を獲得するにいたる勝利主義に満ちた歴史観と、オリンピックからハリウッド、コカ・コーラ、ディズニーにいたるまでのあらゆる文化産業(ショウビズ)に付着した価値意識と、それを二一世紀に引き継ぐ、次世代コンテンツを乗せるためのグローバル・メディア・プラットフォームとが浸透し、成功をおさめた。海の外から見れば、相対的に辺境に位置する日本の都市部に暮らす僕ですら、グーグルを使用しない日はほとんど一日もなく、書籍だけでなく日用雑貨品ですらアマゾンを用いて買い物し、フェイスブックはほとんど見ないが登録してメッセージ機能で人とやり取りをし、アップルやマイクロソフト製品に囲まれて暮らしている。映画は、もはやシネコンしかなくなった映画館にはほとんど行かず、ネットフリックスやアマゾン・プライムで観る。

そのような歴史記述は、単純で一面的に過ぎるかもしれない。

しかし、そうした価値・制度の浸透の重大な副産物として、「殺してもいい人間」を瞬時に判断し、その人間が丸腰であっても、何発もの弾丸を浴びせようとする警察官が出てくる。その判断は、決して個人的なものではなかっただろう。警察官とは、法執行機関(law enforcement agency)だから、社会成員に人権を付与し、権限を与えているところの法を調べ、「人間」の範疇からはずされる人びと——たとえば「野蛮人」「犯罪者」「テロリスト」、さらには「黒人」「先住民」「アジア人」「アラブ人」「ユダヤ人」「女性」「同性愛者」「障がい者」「ホームレス」「貧困者」など——が、どのようなレトリックのもとで、どのような手続きを経て、法律上「殺してもいい」と判断されるにいたるのか、見てみることが必要なのかもしれない。だが、文化的にはどうか。「殺してもいい」「生きるに値しない」「(われわれと)同等の権利を有さない」といった価値判断は、法律上の問題だけでなく、日常的な慣習行動や心の習慣の問題でもある。それは、なんら特別なことでも、非日常的なことでも、異常なことでもなく、ごく普通の、あたりまえの判断のうちに、つねに、すでに内在し、生成変化している。

そのようなレイシズムはアメリカの闇の部分なのだ、と言う人がいるかもしれない。それは、たとえ社会内に制度として組み込まれているにせよ、あくまでも社会の部分的な病理なのであって、どんな国にも、どんな社会にも、そのような闇の部分があり、それに対処し、改良を試みていくのもまた社会なのだ、と。僕の眼には、しかし、一方に栄光があり、他方に闇があって、両者が別個に切れた存在として並立しているようには見えない。むしろ、その両者は、緊密に連携し、共犯し、相互に高め合ってさえいるように見えた。甚大なカネと知識と技術とが投入されて戦争が起こると、ジャーナリストが集まり記事を書き、活動家によって批判運動が高まり、批評文が書かれ、やがて詩や文学、映画が登場し、証言が集められ、アーカイヴがつくられ、歴史研究の資料となる。そのたびに、ふたたび巨額のカネがうごき、人びとの時間とエネルギーが動員される。それと同じように、ヘイトクライムやポリス・ブルタリティなど、人種差別が濃厚にあらわれる事件が起こると、そのたびにニュースが流れ、記事が配信され、抗議運動が起こり、批評が書かれる。それは、たしかに、ある種の抵抗であり、社会の回復力（resiliency）なのかもしれないが、それを素朴に認め、称賛するには、多くが、あまりに多くが死にすぎていた。

わずか数日間で、図らずも数多くの信仰の形態に出会う旅となった。そのなかには、宗教的な体裁をとったものも、呪術的な装いのものもあった。あるいは、科学的で理性的で合理的な意匠をまとったものもあった。

ソーシャルメディアを介して発言権を獲得した諸個人が、自分たちの偏りを隠さず、根拠なく、したり顔で人を非難し、断罪する。「フェイクニュース」を得意顔で糾弾する者たちが、本当の意味でのフェイクニュースやら陰謀説を垂れ流し、その結果、情報が錯綜し、状況は混迷し、人びとは困惑する。そして、「炎上」したり「バズ」ったりすれば、情報操作に長《た》けたインフルエンサーやプラットフォーマー、そしてそこに仕えるエンジニアが儲かる。そこに生成するのは、デジタル・メディアを介した「想像の共同体」には違いない。

しかし、そもそもなぜ、そんな共同体の連鎖に参入しなくてはいけなかったのだろうか。なぜそんなことに一生懸命になって自らの人生の貴重な時間とエネルギーを投入したのだろうか。それがわからない。バカバカしいといえばバカバカしいのに、現実はもはやその共同体の法則のもとにうごいていて、抜け出すことができない。いくら批判してみても、それなしには生きられない。むしろ、批判すればするほどそのうちに絡め取られ、搾り取られていく。それこそが信仰の基本だった。

僕たちの生きる世界は、気づかぬうちにカルト化するのかもしれない。そうだとしたら、最悪のモンスターはどうやら人間の貌《かお》をしている。

シャーロッツヴィルのダウンタウン。

ヘザー・ハイヤーさんへの追悼。

陶芸家の永久井さん。

ロバート・E・リー将軍の銅像。

シャーロッツヴィルの《マリーベティ》。「“よい食べ物は、多くの場合、ほとんどの場合、シンプルな食べ物である”——アンソニー・ボーデイン」と入り口にある。

オン・ザ・ロード。林業の匂いがする。

総人口5人の小さな町サーモンド。

アンステッドの《ミステリー・ホール》。たたずまいがサイケデリックといえばサイケデリック。
なぜまたこの場所につくったのでしょう……。

「トランプを支持する民主党員」とあるが、本当は誰が立てたのかまではわからない。

《プラブパーダ宮殿》。アパラチア山脈地帯に突然姿をあらわす異空間。

絵画や像や装飾を通じて、聖なるものを感じられる装置になっている。

寺院のなかにはハレ・クリシュナの世界観が視覚表現される。

《プラブパーダ宮殿》隣接の牛舎にて。人間の正体を看破する牛。

パーカーズバーグの《ユニティ・カフェ》。

上：橋が崩落し、70台もの車が川に落ちたことを伝える新聞。
左：モスマン像。

《ヒルビリー・ホットドッグ》店内。

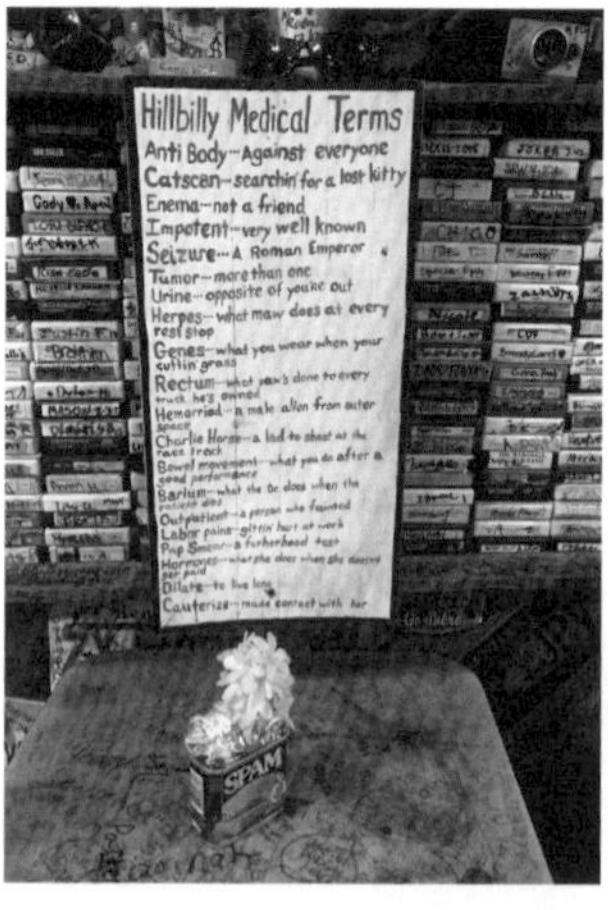

ヒルビリーのステレオタイプをもてあそぶサイン。

右：《クリエイション・ミュージアム》。「同じ事実、同じ世界」。けれど、「異なる出発点」。一方に「人間の言葉」があり、他方に「神の言葉」がある。そうすると「異なる見方」が派生する。
左：「学校では聞いたことがなかったな」と男子。「来て。残りも案内するから」と女子。

《ポープ・リック》のかいぶつに関するポスター。背後では少年たちがサッカーに興じる。

テネシー州アダムズ、《ベル・ウィッチ洞窟》。

シェイカー教徒たちが暮らしていた施設。

ミズーリ州ファーガソンの《ドレイクス・プレイス》店内。

マイケル・ブラウンさん射殺事件の現場。

《ファーガソン・マーケット》。

マイケル・ブラウンさんへの追悼板。

ヒルビリー・ホットドッグ！

ホテルのコンチネンタル・ブレックファスト。

肉、イモ、カラードグリーンズ、パン、小さなコールスロー。今回の旅はこういう食事が多かった。

エピローグ――「涙の道」をたどって　Tracing the "Trail of Tears"

フロリダ州マイアミ〜ルイジアナ州ニューオーリンズ〜オクラホマ州オクラホマシティ、２０１１年

そしてその年……詩が訪れた
私を求めて。どこからかは、わからない
冬の季節からか、川の流れからか。
どうやってか、いつだったのか
それは声ではなく、
言葉でも、静寂でもなかった
けれども街路から私を呼んだ
枝のごとくのびた闇から
不意に人びとから
熾烈な炎のあいま
孤独な帰路
顔もなく立ちつくす私に
それは触れた。

――パブロ・ネルーダ「詩」（中村寛訳）

本書は、アメリカの周縁を旅して書いた紀行文と、旅先で撮った写真との合作である。

写真家の友人である松尾眞《マコト》とともに二〇一一年からはじめた共同プロジェクト、「アメリカの周縁／周縁のアメリカ」がもとになっている。「何でも見てやろう」（小田実）や「忘れられた日本人」（宮本常一）、「心象スケッチ」（宮沢賢治）といった数々の先行者の言霊《ことだま》や、そこでの身振りから着想を得て、旅を連ねる――そういうプロジェクトである。

「アメリカの周縁」に注目するのは、地理的にも、社会・文化的にも、「周縁」においてその社会全体の構造――その歪みや亀裂、綻びも含め――がよりわかりやすく現象するからである。同時に、そうした「周縁」から全体を見ることで、その社会のありよう、生成変化をよりよく捉えられるからである。また、僕自身はそれまで、ニューヨーク・ハーレムのひとつの区画でずっとフィールドワークを重ねてきたので、そこを一度離れ、アメリカ中の路地をあるき、その景色や人、モノ、それらの匂いを身体に入れたいという思いがあった。

ではなぜ「周縁のアメリカ」か。二〇世紀以降のアメリカは、世界中に軍隊を配備し、その政治・経済・文化的力を駆使して、大きな影響を及ぼしつづけている。「自由」や「民主主義」のイメージはいうまでもなく、話し方やプレゼンテーションの仕方、正義のあり方や社会問題の立て方、学問的分析や解釈の方法、概念装置、食や健康の様式、生活時間帯や瞑想の流行、コンピュータやタブレット等の仕事道具、検索サーヴィス、ニュースやドラマや映画といったコンテンツ消費のプラットフォームなど、人生のあらゆる局面に「アメリカ」が顔を出すかのようだ。そのことの副産物として、アメリカがあたかも世界の中心にあるかのようにイメージされるということが起こる。旅をしながら、アメリカの存在そのものを相対化できないか、そんなことを考えた。

なるべく下調べせず、手ぶらの状態で、必要なものごとは現地調達するかたちで旅することを心がけた。とくに厳格な方法論があったわけではないが、あらかじめテーマを決め、それに沿ってフィールドワークをするというやり方はできるかぎり避けた。決めたことを探しにガツガツと調べてまわる、というのもひとつの方法だろうが、とにかくそこに身をおいてみて、なにに出会うのか、なにに引っ張られるのか、どのような反応が生じるのか、それを見てみようと思った。

だから、旅の出発地と終着地以外はなにも決めずに出かけていった。積極的ノープラン。戦略的無謀。能動的徒手空拳。旅のブリコラージュ。かっこよく書けばそういうことだが、中身はごくふつうの旅だ。とりたてて、気取る必要もない。また、その点では本書は、問題を明確化し、解説を加え、答えを提示するたぐいの、狭い意味での専門書ではない。むしろ、旅の過程で眼がひらかれ、問いが深まり、対話がひろがっていくような探究の記録である。

もうひとつ、この探究の旅で決めていたことは、アカデミックなフィールドにいない協力者と対話しながら旅をすることだった。ひとり旅も悪くない。気ままで、自由で、旅の醍醐味のひとつである孤独を味わいつくすことができる。ひとりだからこその出会いもあるだろう。しかし、そこでの探究は、旅先での出会いに左右されるとはいえ、基本的に自分だけのペースで進んでいく。それに対し、ふたりで行く旅は、自分のペースではまず進まない。そのかわり、ひとりではまず行かなかったであろう場所に足を延ばすことになるし、自分だけでは出会えなかったであろう景色や人、ことがらに出会うことができる。

そういう意味では、本書に記された数々の出会いは、僕の功績ではない。むしろ、マコトと僕、ふたりの組み合わせによって生じる波長が、行く先々での出会いを呼び込んだのだといえる。あるいは逆に、相手の波長が、僕らふたりを呼び寄せたのだ。

旅から戻ってからは毎回、出会ったことをあらわしだすのにふさわしい方法を探った。これまでやってきたような、一カ所での長期のフィールドワークと違って、今回の旅は基本的に一カ所に滞在することがなく、ずっと移動を重ねていく。だから、おのずからその後のさらなる探究や叙述の方法も、異なってこざるをえないだろうと思った。

人文・社会科学の書き手にはそれぞれ文体がある。学術論文の場合だと、それがわかりにくいことがあるが、エスノグラフィの場合には、もっと濃厚なかたちで、それぞれの文体があらわれる。そしてそれは、その書き手たちの原風景・原体験、フィールドや対象への触れ方、根源的な問題設定のようなものと対応している場合がほとんどである。

なかでも僕は、うごきのあるものや、枠組みにおさまりきらないことがらを捉え、あるいはそれに捉えられ、そのダイナミズムを殺さないようにしながらあらわしだそうとする文章群に惹かれてきた。たとえば、落合一泰の「エスノグラフィティ」、新原道信の「ホモ・モーベンス（うごく人）」や「境界領域」、ヴァレンタイン・ダニエルの「アンソロポグラフィ（人類誌）」などの概念とその仕事である。

　では、自分自身が移動を連ねていく旅の文体とは、どのようなものだろうか。そう思って、過去に書かれた紀行文やルポルタージュを紐解いてみたが、すぐれた作品はたくさんあるものの、それらを参考にしようとする試みは不毛に終わった。よく考えてみればあたりまえだが、一般論としてそうした旅にふさわしい文体を探るというのは無意味なのだ。稚拙でも、自分で書いてみて、書きながら探っていく以外なさそうだった。

　そんなわけで、旅をしては書き、書いてはまた旅に出ることをくりかえした。あらためて、このプロジェクトの旅の行程を、煮詰めたかたちで記しておく。

旅の行程

2011年8月9～19日　フロリダ州マイアミ→キーウェスト→ダヴィ（セミノール・ハードロック・カジノ）→クレウィストン（アタティキ・ミュージアム）→ウェストン→タンパ→ペンサコーラ→ルイジアナ州ニューオーリンズ→テキサス州デニスン→オクラホマ州ティショミンゴ（チカソー・ミュージアム）→サルファー（チカソー文化センター）→エイダ→ウェウォカ（セミノール・ネイション・ミュージアム）→オクラホマシティ

2012年8月18～21日　ニューメキシコ州アルバカーキ→サンタフェ→サンフェリペ→ゴースト・ランチ（アビキュー）→ケワ（サントドミンゴ・プエブロ）

2013年8月7～14日　ハワイ州モロカイ島クアラプウ→カウナカカイ→ハラヴァ→ハワイ島ヒロ→パホア→カポホ→ワイメア→ホノカア→ククイハエレ→ハヴィ→カイルア・コナ→ケアラケクア

2015年8月20～26日　アラスカ州アンカレッジ→フェアバンクス→サークル・ホット・スプリングス→ノース・ポール→タルキートナ→アンカレッジ

2016年11月2～10日　ニューメキシコ州アルバカーキ→ケワ→サンタフェ→サンフェリペ→コチティ→テスク→エスパニョーラ→サンイルデフォンソ→サンタクララ→サンファン→チマヨ→タオス→コロラド州デンヴァー

2017年8月14～23日　ミネソタ州ミネアポリス→アノカ→バクスター→ロングヴィル→ウォーカー→リーチ・レイク→ベミジ→アイタスカ湖→ホワイト・アース→ノースダコタ州ファーゴ→ビズマーク→キャノンボール→スタンディング・ロック・リザヴェイション→フォート・イェイツ→サウスダコタ州デッドウッド→マウント・ラッシュモア→レッドシャツ→バッドランズ→ウンディッド・ニー→マーティン→カイル→ロウズバッド→セント・フランシス→プレショー→ロウワー・ブルール→スー・フォールズ→ミネソタ州セントポール→ブルーミントン

2018年10月27日～11月4日　ヴァージニア州リッチモンド→シャーロッツヴィル→ウェストヴァージニア州サーモンド→オークヒル→アンステッド→ニュー・ヴリンダバン（プラブパーダ宮殿）→パーカーズバーグ→ポイント・プレザント（モスマン・ミュージアム）→ケンタッキー州メイズヴィル→ピーターズバーグ（クリエイション・ミュージアム）→ルイヴィル→オーバーン→テネシー州アダムズ→イリノイ州アイナ→ミズーリ州ファーガソン→セントルイス

じつは、このうちの一年目の旅だけは、活字にできていない。最初の旅ということもあって、記録はつけてあるものの、それをどのように活字化していいのか、わからなかったというのが正直なところだった。書くための媒体も思いつかなかった。二年目の旅以降、学生たちと一緒に冊子『Lost and Found』をつくることで、はじめて旅を書くことをおぼえていったのだ。もう一〇年近く経ってしまっているが、ここではその最初の旅のことに簡単に触れておきたい。

*

二〇一一年夏。

一年目ということもあって、こういう種類のロードトリップがどのようなペースで進められるものなのか、まったく見当がついていなかった。デトロイト経由でマイアミに入り、空港でニューヨークからやってくるマコトと落ち合う予定でいた。ところが、予定の時間を過ぎてもマコトがあらわれない。いきなり出端をくじかれた。

僕は、待った。
それでも、彼は、来ない。
僕は、待って、待って、待ちつづけた。
それでも、彼は、来ない。
嗚呼！

当時は、海外用の携帯電話を持ち合わせていなかったため、公衆電話から何度か電話してみたが、通じない。結局、空港の有料インターネットにつないで、マジックジャック（ネット回線を通じた電話サーヴィス）の留守電を確認すると、「ごめん、予定してた飛行機に乗られへんかったー」と若干はにかんだようなマコトの声が入っていた。（おい！）と心のなかでツッコミを入れ、僕は待ちつづけた。

三時間後、マコトが「わりぃ、わりぃ。寝坊してもうたー。自分でもびっくりしたわー」と憎めない物腰で到着し、そのまま僕らはレンタカーでマイアミ市内のホテルにチェックインした。風呂に入り、少し落ち着くと、すぐにフロントですすめられたキューバ料理店に夕食をとりに向かった。リトル・ハヴァナにある《ヴァサイ（ヴェルサイユ）》という店だった。スープ、シーフードの盛り合わせ、キューバ料理のお試しサンプルをたのんでシェアしつつ、旅の計画を話し合った。

翌日、僕らはひとまず、アメリカ本土の最南端（Southernmost Point）に行こうと決め、車を南下させ、《セヴン・マイル・ブリッジ》を抜けてキーウェストをめざした。海の上を一直線に延びた橋上の道路は、壮観だった。右手にはメキシコ湾があり、左手には大西洋がひろがっていた。現在使われている道路の横に、別の古い橋がかかっていて、なんだろうと思ってあとで調べると、どうやらかつて使われていた鉄道橋だったことがわかる。西部開拓事業と同様、フロリダの開拓事業でも、その一環として、鉄道を通すことが重要だったのだ。最南端のポイントは、「SOUTHERNMOST POINT」と書かれたキッチュなオブジェがおかれ、わらわらと観光客が集まって写真を撮っていて思わず笑ってしまったが、それでもそこからキューバまでの物理的距離の近さと、かつてこの周辺が黒人居住区で、あたりのビーチも黒人専用だったことを知れたのは、よかった。

キーウェストに行ったならキーライム・パイを食べよ、とマコトが友人から言われてきたというので、昼食は《バナナ・カフェ》という名前の雰囲気のいい店に入って、ハムとチーズをはさんだおかず系クレープを食べ、デザートにキーライム・クレープを食べた。どれもうまかった。

車を停めた場所のすぐ眼の前に、《アダルト・エンターテインメント》という看板を出した小さく控えめな建物があり、派手で露出の多い服を身につけ、けばけばしい化粧をほどこした女性が、けだるそうな表情で煙草をくゆらせ、行き交う人びとに「調子はどう？（How are you doing?)」と低い声をかけている。

それにしても、陽射しが強かった。陽なたに立とうものなら、じりじり肌が灼かれ、体内の水分が干上がり、またたく間にしょりしょりになりそうだった。うっかりしてサンスクリーンを持ってくるのを忘れていたので、店に入って買い求め、腕や首や顔に塗りたくって、水を飲んだ。

《サンゴ礁州立公園》に立ち寄り、なかにあったマングローヴ・トレイルを進んでいくと、何種類ものマングローヴが生い茂り、その強度に圧倒されたのもつかの間、すぐに蚊の大群に襲われた。

痛い。

東京の蚊と違って、刺されるときに、齧《かじ》られたような痛みがともなう。蚊を追い払いながら、茂みのなかを入っていき、何ヶ所もくわれた挙げ句、最後は逃げるようにして出てきた。

その後いくつかの場所でフロリダの開拓事業について読むことになるが、どの開拓史の説明を読んでも必ず言及があるのは、ハリケーン災害と大量の蚊との格闘史であった。行く先々で「自然」と向き合い、格闘を重ねていた入植者たちの姿が浮かぶ。そして、「自然」対「人間（文化）」という誤ったイメージは、そうやって補強されていくことになったのかもしれなかった。

そもそもフロリダに来たのは、アフリカ系アメリカ人とアメリカ先住民との交流史を知りたかったからだ。なかでも、マルーンと呼ばれる逃亡奴隷がつくったコミュニティに関心を持った。逃げた先で先住民と一緒になり、場合によっては共闘した例があるということは、そこにひとつの関係史をみることができそうだったし、可能であればその痕跡をたどってみたいと思ったのだ。

それならば、最初に先行研究を読み、下調べをすればよいのだろうが、たいていいろいろ勉強する以前にとにかくその場に行くということを抑えることができない。調べてから行くほうがいいに決まっているのに、行く前にいろいろと読んでいるとわかった気になって、行く気が損なわれていく。あるいは逆に、関心が限定されていき、そのことだけを見に行く結果になる。調べたうえでそれを手放して現地に行くというのが理想には違いないが、どういうわけかそれがうまくできないのだ。

セミノール族の運営するカジノ付き《ハード・ロック・カフェ》に行き、夜の壮大なる打ち上げ花火に驚き、セミノール族のリザヴェイションのひとつ、ビッグ・サイプレスにある《アタティキ・ミュージアム A-Tha-Thi-Ki Museum》を訪ね、高速を降りたところにあるガスステーション《ミコスキー・サーヴィス・エリア》の人の親切さにうたれ、沼地のなかにひっそりとあるそのリザヴェイションと、三〇マイル離れた隣町ウェストンにある高級リゾートとの対比におののいた。

そうやって行く先々で、人に尋ね、展示パネルを読み、事後的に調べたりしていくと、リザヴェイションにある部族史には、アフリカン・アメリカンとの交流について、ほとんど言及がないことに気づく。これはいったい、どういうことなのだろうか。

僕らはひたすら移動を重ねた。ブリットコンからキャベージ・グロウヴの砂利道を行き、イーストポイントや、メキシコ・ビーチ、パナマ・シティを通過して、浜辺や桟橋やそこに群がる鳥たちを眺めてはしゃぎ、海の風を感じてくつろぎ、工場からの排気に絶句し、長い距離を走り抜けた。フロリダはとにかく大きかった。予想以上に移動に時間がかかった。地図で見ているのと、実際にそこを走るのとでは、体感の違いがかなりあった。

夜になってやっとペンサコーラに到着し、周辺でホテルを探した。最初に訪ねたのは、なんとなく雰囲気の悪い地区にぽつんとあったボロボロの安いモーテルで、老年の移民夫婦が受付をやっていたが、よほど治安の悪い場所なのか、キャッシュ・レジスターは防弾ガラス張りになっていて、その窓の内側から身分証明書を要求された。

「なんか、ヤバそうやな、ここ」とマコトが僕のうしろからつぶやいた。

防弾ガラスの下のわずかな隙間から身分証明書を差し入れると、女性がそれを手にとって眺め、眉間にシワを寄せて僕らの姿を一瞥すると、なんと入室を拒否してきた。あとにも先にも、こんなことははじめてだったが、その女性の背後の壁をイモリが這っていくのを見て、なんとなくここには泊まらないほうがいいと察し、別のホテルを探した。

翌日、僕らはニューオーリンズに到着し、そこで二泊を過ごした。ここに来たのは、二〇〇五年ハリケーン・カトリーナのあと、復興により町がどのように変化したのかを見たかったからだった。二〇〇六年の段階で、カトリーナについての情報がまだ錯綜するなか、短い原稿を書いた経験があり、そのときは現地を訪れることができなかったため、いつか訪れたいと思っていた。

ダウンタウン・ニューオーリンズは、昼間からにぎやかだった。車を停めたすぐ先がバーボン・ストリートで、風俗店やバー、レストランが一区画にごちゃごちゃと入り乱れ、いたるところから生演奏が流れてくる。明るいうちから人びとが陽気に酒を呑んでいて、過激な格好をした女性たちがストリートに出て、客引きをしている。

あるくと、ストリートがくさい。なんとも言えない悪臭がする。人びとの体液、店の廃液、アルコール、煙草、大麻、食材、残飯、生ゴミ、吐瀉物、糞尿、そういったものがこのデルタ地帯にたまって陽光に熱せられ、下水やら汚水やらから湧きあがる臭気とともに醗酵し、路面や壁に染みついたのではないかと思えるほどだった。夏のニューヨークのストリートもくさいが、それに匹敵する。いや、それ以上かもしれない。街の猥雑さもニューヨークに匹敵するように思われたが、ただ違うのは建物や通りの外観だった。ストリートの幅がニューヨークに比べて小規模で、建物も小さく、鮮やかな色彩をほどこした、可憐なデザインの建築が多く建ち並んでいた。

一泊したのち、猛烈に観光化された《カフェ・デュ・モンド》で名物のベニエを頬張り、いまは悠々と、優雅に、物静かに流れるだけのミシシッピ・リヴァーを眺め、町のなかをあるいてまわった。そして、フレンチ・クオーター内のレストランでクリオール料理を食べて腹ごしらえしたあと、僕らは車でコンヴェンション・センターとスーパードームを見にいった。どちらも、ハリケーンが来たときに一時避難所になり、人であふれかえった場所だった。いまでは、すでに綺麗に修復を終えている。

そのあと、洪水の被害に遭ったエリアを中心にまわった。市立公園を抜け、レイクヴューやレイクヴィスタと呼ばれるエリアまで行くと、このあたりはかなり復興が進んでいる印象を受けた。レイクショア・パークから眺めるポンチャートレイン湖は絶景で、周囲が高級住宅街であることもあって、本当にこのエリアが水没したのかと思えるほどだった。

しかし、ニューオーリンズ大学を抜けて東に進み、運河を越えると景観は一変する。そこからは、荒廃した建物が増えていく。復興の遅れが指摘されていたロウワー・ナインス・ワードやアラビ地区をまわると、空地になってぽっかりと穴があいてしまったような敷地が目立った。

そこから僕らは北上し、オクラホマ州を目指した。途中の田舎町のガスステーションでは、きゃぴきゃぴと笑う白人の女子高校生たちから「あなたたち、いったいここでなにをしているの?」とからかい半分に話しかけられ（アジア人の中年男二人組は、あきらかにこのあたりでは浮いた存在だったのだろう）、テキサス州のデニスンで一泊したうえで、《チカソー・ナショナル・キャピタル・ビルディング》に隣接した博物館を訪れた。

受付の女性が、チカソーの歴史や社会的背景について、すごい勢いで説明してくれた。「涙の道」を通って追い立てられてきた先住民たちのこと、「文明化五部族（Five Civilized Tribes)」のこと、オクラホマにはいわゆるリザヴェイションという制度がないこと、そのかわりに「ネイション」となっていて法的な自律性がある程度あること……。政治的な繊細さを保ちつつ、しかし、かたくなになりすぎず、あくまでも表面的にはやわらかな姿勢で相手を教育していこうという気迫に満ちていた。彼女自身はブラックフット（ブラックフィート族）の出身で、同時にスウェーデンやイギリスの家系もあり、ドイツのミュンヘンで生まれたが、《チカソー・ミュージアム》の館長をやっているという。

チカソー族の説明をする際に、「私たち」と語っていたので、すっかり彼女もチカソーだと思っていたが、そうではなかった。ただ、部族によって事情が大きく異なるため、他の部族のことをできるかぎり学ぶようにしているという。

彼女のすすめもあり、その後、サルファーという町の《チカソー文化センター》を訪れた。センターが閉まる三〇分前に到着すると、僕らを無料で入れてくれたうえに、受付の女性が館内の案内までしてくれた。かなりの資金を投じてつくられた施設らしく、見どころ満載で、とても三〇分でまわれるような代物ではない。一日たっぷり使ってようやくすべてを見ることができるくらいに規模が大きいのだ。

サルファーは、その名前からわかるように、冷泉と温泉とが湧き出るところがある。ここの国立公園は、チカソー・ネイションが購入し、管理しているのだと女性が語った。公園の入り口には、冷泉の噴水があり、そこまで強くはないが硫黄の匂いがする。

その日はエイダという町に泊まり、翌日、僕らはウェウォカに向かい、《セミノール・ネイション・ミュージアム》を訪ねた。

ルイスさんというセミノール族の男性と話すといいと言われ、そこで彼が戻るのを待つあいだ、近くにいた女性、シャーリーさんがいろいろと案内してくれた。最初に彼女が案内してくれたのは、かつての先住民の刑務所だった。かつて囚人を吊り下げて鞭打ちをおこなっていた木が今でも残っている。現在、その奥にある建物には、郡裁判所が入っており、ちょうど僕らが車を停めようとしていると、オレンジ色の囚人服を着せられた者たちが数名、手足を手錠でつながれてあるかされ、建物のなかへと連れていかれるところだった。通りの奥にある小さな建物が今は刑務所なのだと、シャーリーさんは語った。

その後彼女は、インディアン・メディカル・センターに案内してくれた。以前にはインディアン・ホスピタルがこの町にあって、彼女もそこで生まれたらしいのだが、いまはなく、そのかわりにメディカル・センターがある。ちょっとした病気であれば、ここで薬を出してくれるようだ。すべてセミノール・ネイションが払ってくれるらしく、インディアンの証明書があれば、お金なしで処置してもらい、処方薬を持って帰ることができるという。インディアンの証明証を、そのときはじめて見せてもらった。運転免許証くらいのサイズのカードで、そこには彼女がハーフ・ブラッドのセミノール・インディアンであることが記されている。母親がフル・ブラッドのインディアンらしかった。セミノール・ネイションの一員になるには、この証明証がないといけないのだという。

小さな証明証を見ただけでなにかがわかるわけではない。だが、なにかしら決定的なものを見せられたような気になった。ここにもまた、「血の問題」が生じていそうな気配があった。「一滴でも黒人の血が入れば黒人である」というアメリカ合衆国のトートロジーは、アイデンティティと差異の形成過程で暴力的な役割を果たした。「インディアンであるために、四分の一はインディアンの血が入っていることを証明しないといけない」というレトリックは、はたしてどうだったのだろうか。自分の先住民のルーツを、ある種の誇りとともに語る黒人たちに、これまで幾度も会ってきた。しかし、先住民の多くが、黒人との交流史をあまり積極的に語っていないように思えるのは、気のせいだろうか。

いくつもの疑問が、湧いては脳裏に沈んでいった。

このようにして、寄り道をしつつも、セミノール族がフロリダからオクラホマまで追い立てられていったルートを大まかになぞるようにして、僕らの一年目の旅は進んでいった。それは、とてつもなく長い道のりだった。

《アダルト・エンターテインメント》。陽射しが強いうえに店構えが質素にして簡潔で、あっけらかんとした印象を受ける。

アメリカ最南端ポイント。観光客が群がる。

キーライム・パイならぬ、キーライム・クレープ。

セミノール・ハードロック・カジノ。2007年頃、セミノール族がハードロック・ビジネスを買い取った。

ニューオーリンズ、バーボン・ストリート。

Café Du Monde
THE ORIGINAL FRENCH MARKET
COFFEE STAND, SERVING CAFE
AU LAIT AND HOT BEIGNETS
(FRENCH DOUGHNUTS 24 HOURS
A DAY, YEAR ROUND. THIS
FAMILIAR NEW ORLEANS LAND
MARK HAS BEEN LOCATED IN
THE FRENCH MARKET SINCE THE
EARLY 1860'S.

《カフェ・デュ・モンド》。

《ニューオーリンズ・ジャズ・プリザヴェイション・ホール》。

テキサス州デニスンのダウンタウン。このあたりはテキサス州でも、オクラホマとの州境に位置し、《テクソマTexoma》と呼ばれる。

オクラホマ州、チカソー・ネイション。

「なんにもない辺鄙な場所のマーケット」という名の店を発見。

セミノール・ネイション。

オクラホマ州、《キャトルメンズ・ステイクハウス》のステーキ。

ニューオーリンズで食べたガンボ。

ニューオーリンズ、《カフェ・デュ・モンド》のベニエ。

旅もフィールドワークも、行った先で出会う人びとのホスピタリティがあってはじめて成り立つ。手をとめ、足をとめ、僕たちふたりと言葉を交わしてくれたすべての人に深く感謝する。とりわけ、チャンプ、ティナ、ディージャ、そしてかれらの親族の歓待に、心からのお礼を述べたい。

6章をのぞく1～5章は一度、先に書いた『Lost and Found』という冊子に連載したものである。これは、多摩美術大学の学生や卒業生を中心に、さまざまなジャンルのつくり手たちと一緒におこなったプロジェクトから生まれた冊子だった。参加者に「同時代」という大きなテーマを投げかけ、それに関連して、いまの自分にとって最も切実でリアルなことを、それぞれのスタイルで書いてきてもらい、それを互いに読んでコメントし合い、何度も書きなおしたうえで冊子のかたちに落とし込むという企画だった。

初出を記しておく。

1章 「ケワへの旅――アメリカの〈周縁〉をあるく〔写真・松尾眞〕」(pp.88-111)『Lost and Found――同時代とアートを切り結ぶ。』人間学工房、二〇一三年。
2章 「モロカイ島/ハワイ島への旅――アメリカの〈周縁〉をあるく(二)〔写真・松尾眞〕」(pp.94-138)『Lost and Found vol.2――個+個=同時代』人間学公房、二〇一四年。
3章 「アラスカへの旅――アメリカの〈周縁〉をあるく(三)〔写真・松尾眞〕」(pp.105-148)『Lost and

Found vol.3――生きなおす、同時代』人間学工房、二〇一六年。

4章「ニューメキシコへの旅――アメリカの〈周縁〉をあるく（四）〔写真：松尾眞〕」（pp.105-150）『Lost and Found vol.4――同時代を旅する』人間学工房、二〇一七年。

5章「ミネソタ／ノースダコタ／サウスダコタへの旅――アメリカの〈周縁〉をあるく（五）〔写真：松尾眞〕」（pp.93-162）『Lost and Found vol.5――期待と回想の同時代』人間学工房、二〇一九年。


いずれの原稿も、冊子づくりの過程で若きつくり手たちと幾度となく言葉を重ねたことで、はじめて書くことができたものだ。吉野源三郎の「同時代のこと」を念頭に彼らに投げかけた「同時代」という大きなテーマは、自分自身にも課したテーマだった。また、「ブログやSNSに書く文章ではなく、一生に一度しか書かない文章を、遺書を書くつもりで」という無理難題は、乱反射して僕自身を貫いた。なによりも、彼らの制作や活動に向かう姿が、僕を大きく刺激したし、おそらくは僕の文体にも影響を与えている。冊子づくりに参加してくれたすべての人に、心からの感謝を述べたい。なかでも、一巻目と四巻目に執筆者としてかかわっただけでなく、のちにプロのブックデザイナーになり、二巻目をのぞくすべての冊子のブックデザインを担当してくれた平山みな美さんは、僕の草稿のすべてに眼をとおし、誤字脱字のチェックだけにかぎらず、内容に踏み込んで有益なコメントをおこなってくれた。忙しいなかで惜しみなく与えるその姿に、参加者全員が心をうたれたと思う。最大限の謝意と敬意を表したい。

　企画当初から全面的なサポートをしてくださった編集者の竹内清乃さん、こちらの要望にていねいに耳を傾け応えてくださったブックデザイナーの熊谷智子さんにも、謝意を表したい。また、いつも僕の稚拙な日本語表現に適切なコメントを加えてくれる妻の涼子にも感謝する。最後に、旅のパートナー、松尾眞にも感謝の気持ちを送りたい。心のうちに優しさを抱えながらも、すべてを笑いに変えるタフさを兼ね備え、僕とは違う景色を切り取る彼の感性と美学に、毎回僕は、嫉妬もするし、励まされもする。

　多くの協業やコメント、サポートを得て本書は完成したが、誤りがあるとすればすべては僕の責任である。

　二〇二〇年のパンデミック以降、簡単に旅することができなくなってしまった。同時にそれは、旅や移動の複数のかたちや意味を内省する機会でもあった。そんなときだからこそ、言葉と写真による《同時代スケッチ》を味わっていただければうれしく思う。

　二〇二一年五月末日

著者

＊冊子プロジェクトについては、以下のサイトを参照。このうち、最初の二章分の基礎をなす研究は、MEXT／JSPS科研費　若手研究(B)　23720430の助成を受けたものである。
https://www.ningengakukobo.com/single-post/laf1-prologue

参考文献

＊本書は、経験を記述することに主眼をおいたため、本文においては引用や参照をできるかぎり最低限にとどめた。したがって、以下に示すのは、直接引用した文献だけでなく、探究の方法において影響を受けたと思われる文献を含めてある。なお、各章で出会ったことがらやテーマについてのさらなる研究は、以下のサイトでアップデートしていく。
https://note.com/yutaka_nakamura/m/mce397f4098fc

1章

・アメリカ先住民についての先行研究は膨大にあるが、私は鎌田遵さんとのやり取りから多くを学んだ。文献は以下を参照。

鎌田遵『「辺境」の抵抗——核廃棄物とアメリカ先住民の社会運動』御茶の水書房、二〇〇六年。

鎌田遵『ぼくはアメリカを学んだ』岩波ジュニア新書、二〇〇七年。

鎌田遵『ネイティブ・アメリカン——先住民社会の現在』岩波新書、二〇〇九年。

鎌田遵『ドキュメント　アメリカ先住民——あらたな歴史をきざむ民』大月書店、二〇一一年。

中村寛「〈周縁〉の「小さなアメリカ」第一回「辺境」の先住民——鎌田遵との対話」『世界』一〇月、第九〇〇号、一五四—一六三頁、二〇一七年。

・先住民と黒人との関係を捉えるという着想は、辻信一さんや越川芳明さんとのやり取りからヒントを得た。文献は以下を参照。

辻信一『スロー・イズ・ビューティフル——遅さとしての文化』平凡社、二〇〇一年。

辻信一『ナマケモノ教授のぶらぶら人類学』素敬 SOKEI パブリッシング、二〇一二年。

越川芳明『周縁から生まれる——ボーダー文学論』彩流社、二〇一八年。

越川芳明『トウガラシのちいさな旅――ボーダー文化論』白水社、二〇〇六年。

越川芳明『ギターを抱いた渡り鳥――チカーノ詩礼賛』思潮社、二〇〇七年。

中村寛「〈周縁〉の「小さなアメリカ」第八回「ボーダー文化」の体現者たち――越川芳明との対話」『世界』八月、第九一一号、二五七―二六七頁、二〇一八年。

・プエブロ全体の紹介については、以下の入門書がある。

Paul and Kathleen Nickens, *Pueblo Indians of New Mexico*, Arcadia Publishing, 2008.

2章

・ハワイの表象のあり方や現在の文化動向については、矢口祐人さんとのやり取りや以下の著作から多くを学んだ。

矢口祐人『ハワイの歴史と文化――悲劇と誇りのモザイクの中で』中公新書、二〇〇二年。

矢口祐人『憧れのハワイ――日本人のハワイ観』中央公論新社、二〇一一年。

・また、ハワイについては、以下のすぐれた紀行文がある。

池澤夏樹『ハワイイ紀行 完全版』新潮文庫、二〇〇〇年。

・モロカイ島のカラウパパ・ハンセン病療養所については、たとえば以下のインタビュー集や手記がある。

Ted Gugelyk and Milton Bloombaum, *The Separating Sickness - Ma'i Ho'oka'awale: Interviews with Exiled Leprosy Patients at Kalaupapa*, Hawaii, Anoai Press, 2005(1979).

Makia Malo with Pamela Young, *My Name Is Makia: A Memoir of Kalaupapa*, Watermark Publishing, 2011.

・ハワイの火山の神ペレについては、以下の文献が参考になった。

Herb Kawainui Kane, Pele: Goddess of Hawaii's Volcanoes, Kawainui Pr, 1996.

ハーブ・カワイヌイ・カーネ（新井朋子訳）『ペレ――ハワイの火山の女神』ホクラニ・インターナショナル、二〇一〇年。

Dietrich Varez, *Pele and Hi'iaka: A Tale of Two Sisters*, Hawai'i by the Petroglyph Press, 2011.

・《文化のつくり手（カルチャー・クリエイティヴズ）》という発想は、辻信一さんとのやり取りから得た。

辻信一『カルチャー・クリエイティブ――新しい世界をつ

くる52人』ソトコト新書、二〇〇七年。

3章

・本章のテーマとなった死――これについて語った文献は多いが、とりわけ次の二冊からは決定的な影響を受けた。

柳田邦男『犠牲――わが息子・脳死の11日』文春文庫、一九九九年。

ウラジーミル・ジャンケレヴィッチ（仲澤紀雄訳）『死』みすず書房、一九七八年。

・死については、また、新原道信氏から直接教え伝えられたことからも、多大な影響を受けている。

・アラスカへの旅を表現したみごとな文章群として、以下がある。

開高健（著）・高橋昇（写真）『オーパ、オーパ!!――アラスカ篇 カリフォルニア・カナダ篇』集英社文庫、一九九〇年。

星野道夫『旅をする木』文春文庫、一九九九年。

4章

・プエブロの歴史、とりわけプエブロ・リヴォルトについては、以下の文献がある。

David Roberts, *The Pueblo Revolt: The Secret Rebellion That Drove the Spaniards Out of the Southwest*, Simon & Schuster, 2008.

Ana Pacheco, *Pueblos of New Mexico*, Arcadia Publishing, 2018.

・アメリカ大陸におけるヨーロッパ人たちの「発見」から征服にいたるプロセスは、以下のツヴェタン・トドロフの文献を参照。

ツヴェタン・トドロフ（及川馥・大谷尚文・菊地良夫訳）『他者の記号学――アメリカ大陸の征服』法政大学出版局、一九八六年。

・ジョージア・オキーフ美術館で放映されていたドキュメンタリー映画は、以下のとおり。

Perry Miller Adato, *Georgia O'Keeffe: A Life in Art*, 2003 [Documentary Film].

5章

・差異の強調が、理解というプロセスを含みながら、やがては優劣を含んだ差別へとつながり、平等の強調が、愛と無理解をはらみながら、同化へと行きつく――このテーゼは、以下の文献において展開されている。

ツヴェタン・トドロフ（及川馥・大谷尚文・菊地良夫訳）『他者の記号学――アメリカ大陸の征服』法政大学出版局、一九八六年。

・チャールズ・レンカウンター氏とアリシア・マリー・レンカウンター＝ダ・シルヴァ氏の彫刻作品に関する彼ら自身の解説は、以下のサイトで読むことができる。

https://asusjournal.org/2017/09/17/charles-rencountre-alicia-rencountre-da-silva-sculpture/（最終閲覧　二〇二一年五月四日）

・ウンディッド・ニーに関して、多数の文献が存在するが、以下の基本文献を参照されたい。

Dee Brown, *Bury My Heart at Wounded Knee: An Indian History of the American West*, Open Road Media, 2012.

6章

・記憶の媒介物となるモノの材質に注目したうえで、継承のあり方を論じた落合一泰の論文は、以下のとおり。

「叫びと煙突――記憶のエスノポエティクスにむけて」『へるめす』通巻二七号、一九九〇年。

「記録と記憶――歴史学と文化人類学の協同関係に向けて」『七瀬』通巻六号、茨城県鉾田町、一九九六年。

「ツォツィル――「やわらかい文化」の継承と更新」綾部恒雄監、黒田悦子・木村秀雄編『講座　世界の先住民族　ファースト・ピープルズの現在０８　中米・カリブ海、南米』明石書店、二〇〇七年。

「柔らかい生命へのオマージュ――弧をなす三詩人の対話から」『現代詩手帖特集版　ル・クレジオ地上の夢』思潮社、二〇〇六年。

・《ブラック・ライヴズ・マター》については、すでに日本にも多くの紹介記事が存在する。紹介だけでなく、その深部を捉えようとした最新の成果物としては以下がある。

『現代思想　２０２０年10月臨時増刊号　総特集＝ブラック・ライヴズ・マター』第四八巻第一三号、青土社、二〇二〇年。

中條献・荒このみ・藤永康政・新田啓子「座談会『Black Lives Matter運動から見るアメリカの人種問題の現在と過去』」『アメリカ研究』アメリカ学会、二〇二一年。

・サーモンドの町の住民による選択については、以下の記事を参照した。

Abby Ohlheiser, "All five residents of a West Virginia town voted to ban LGBT discrimination," *The Washington Post*, Feb. 12, 2015.
https://www.washingtonpost.com/news/morning-mix/wp/2015/02/12/all-five-residents-of-a-west-virginia-town-voted-to-ban-lgbt-discrimination/（最終閲覧　二〇二一年五月四日）

・アパラチア山脈地帯やヒルビリーについては、たとえば以下の文献が参照軸を提供してくれる。

J・D・ヴァンス（関根光宏・山田文訳）『ヒルビリー・エレジー――アメリカの繁栄から取り残された白人たち』光文社、二〇一七年。

金成隆一『ルポ トランプ王国――もう一つのアメリカを行く』岩波新書、二〇一七年。

金成隆一『記者、ラストベルトに住む――トランプ王国、冷めぬ熱狂』朝日新聞出版、二〇一八年。

・ヒルビリーではないが、アメリカの深部を捉えるという意味で、東理夫さんから教えられることが多かった。

東理夫『アメリカは歌う。――歌に秘められた、アメリカの謎』作品社、二〇一〇年。

東理夫『アメリカは食べる。――アメリカ食文化の謎をめぐる旅 Homesick Blues』作品社、二〇一五年。

東理夫『アメリカは歌う。コンプリート版』作品社、二〇一九年。

・「田舎暮らしの白人保守層」とされる人びとの心象風景を捉えた作品として、以下の映画をあげておきたい。

映画『スリー・ビルボード（Three Billboard Outside Ebbing, Missouri）』マーティン・マクドナー監督、二〇一七年。

・アメリカの肉体労働者をとりまく歴史と現状については、南修平さんの文献や彼との直接のやり取りから多くを得た。

南修平『アメリカを創る男たち――ニューヨーク建設労働者の生活世界と「愛国主義」』名古屋大学出版会、二〇一五年。

中村寛「〈周縁〉の「小さなアメリカ」第七回　白人労働者たちの愛国――南修平との対話」『世界』七月、第九一〇号、二六八―二七七頁、二〇一八年。

・ハレ・クリシュナについては、以下の文献をあげておく。

A. C. Bhaktivedanta Swami Prabhupada, *Bhagavad-gītā As It Is*, The Macmillan Company, 1972.

Based on the teachings of His Divine Grace A. C. Bhaktivedanta Swami Prabhupada, *Chant and Be Happy:*

The Power of Mantra Meditation, The Bhaktivedanta Book Trust, 1982.
His Divine Grace A. C. Bhaktivedanta Swami Prabhupada, *The Science of Self-Realization*, The Bhaktivedanta Book Trust, 2013.

・モスマンについては、以下の文献と映画を参照。
John A. Keel, *The Mothman Prophecies*, A Tom Doherty Associates Book, 1975（邦訳『モスマンの黙示』南山宏監修、植松靖夫訳、国書刊行会、一九八四年）.
映画『プロフェシー（The Mothman Prophecies）』マーク・ペリントン監督、二〇〇二年。

・現象としての幽霊の語りを災害とのかかわりで論じた著作は多いが、近年の聞き書きとしては以下のものがある。
東北学院大学震災の記録プロジェクト／金菱清（ゼミナール）編『呼び覚まされる霊性の震災学――3・11生と死のはざまで』新曜社、二〇一六年。

・呪術や信仰のあり方については人類学の膨大な蓄積があるが、とりわけ以下の二点から決定的な影響を受けた。
クロード・レヴィ＝ストロース（田島節夫訳）「呪術師とその呪術」「象徴的効果」『構造人類学』みすず書房、一九七二年。

マルセル・モース（有地亨・伊藤昌司・山口俊夫訳）「呪術の一般理論の素描」『人類学と社会学I』弘文堂、一九七三年。

・同時に上記の研究への根本的な批判としては、以下の文献を参照。
James Siegel, "The Truth of Sorcery" in *Naming the Witch*, Stanford: Stanford University Press, 2006.

・また、上記の信仰のあり方の探究を敷衍したものとして、以下の文献を参照。
ベネディクト・アンダーソン（白石さや・白石隆訳）『定本想像の共同体――ナショナリズムの起源と流行』書籍工房早山、二〇〇七年。

ツヴェタン・トドロフ（及川馥・大谷尚文・菊地良夫訳）『他者の記号学――アメリカ大陸の征服』法政大学出版局、一九八六年。

・上記のうち、トドロフの上記の研究に対する反論は（とはいえ、その矛先は主にマーシャル・サーリンズの『歴史の島々』に向けられたものだが）、以下の文献参照。
Gananath Obeyesekere, *The Apotheosis of Captain Cook:*

European Mythmaking in the Pacific, Princeton: Princeton University Press, 1997.

・クリエイション・ミュージアムおよびアンサーズ・イン・ジェネシスの思想については、以下の文献を参照した。
Ken Ham & A. Charles Ware, *One Race One Blood*, Master Books, 2007.
Ken Ham, *Gospel Reset*, Master Books, 2018.
Ken Ham et. al., *Social Issues*, Answers in Genesis, 2009.

・クリエイショニズムに関するギャラップ社の最新のデータは以下のサイトで確認できる。
https://news.gallup.com/poll/21814/evolution-creationism-intelligent-design.aspx（最終閲覧　二〇二一年六月一九日）

・ポープ・リック・トレッスルについては以下の記事を参照。
Richard Stottman, "Legends of the deadly Pope Lick Trestle: deaths & injuries from real monsters," Beargrass Thunder, Oct. 27, 2019.
https://www.beargrassthunder.com/post/legend-of-the-pope-lick-trestle（最終閲覧　二〇二一年五月四日）

・シェイカー教徒については、以下の文献を参照。
Janice Holt Giles, *The Believers*, The University Press of Kentucky, 1989.
Frances A. Carr, *Growing up Shaker*, United Society of Shakers, 1995.
James W. Hooper, *The Shaker Communities of Kentucky: Pleasant Hill and South Union*, Arcadia Publishing, 2006.

・ベル・ウィッチの伝説について参照したのは、以下の文献。
M. V. Ingram, *Authenticated History of the Bell Witch and Other Stories of the World's* Greatest Unexplained Phenomenon, Reprinted, Adams, Tennessee: Historic Bell Witch Cave, Inc., 2013[1894].

・なお、イングラムの文献は現在、以下のサイトでも読むことができる。
https://web.archive.org/web/20150205053211/http://bellwitch02.tripod.com/the_red_book.htm（最終閲覧　二〇二一年五月三日）

・上記以外にもベル・ウィッチに関する文献は見つかる。たとえば、以下の文献。

Charles Bailey Bell and Harriet Parks Miller, The Bell Witch of Tennessee, Image Graphics, 1972.

・ファーガソンのマイケル・ブラウン氏殺害事件については、すでに多くの記事や資料がある。たとえば、以下を参照。

セントルイス・ポスト・ディスパッチ紙
https://www.stltoday.com/news/multimedia/special/darren-wilson-s-radio-calls-show-fatal-encounter-was-brief/html_79c17aed-0dbe-514d-ba32-bad908056790.html（最終閲覧　二〇二一年五月四日）

ニューヨーク・タイムズ紙がアーカイヴ化した（銃撃した警察官を起訴するかどうかを決める）大陪審での目撃証言
https://www.nytimes.com/interactive/2014/11/25/us/evidence-released-in-michael-brown-case.html（最終閲覧　二〇二一年五月四日）

エピローグ

・自らの肉体を駆使して旅を重ね、「あるく、みる、きく」を基本動作に据えてことがらの深部を探究する方法は、とくに以下の先行者たちから学んだ。

宮沢賢治「春と修羅」『新校本　宮澤賢治全集　二』筑摩書房、一九九五年。

宮本常一『忘れられた日本人』岩波文庫、一九八四年。

小田実『何でも見てやろう』講談社文庫、一九七九年。

・宮沢賢治を理解するうえでは、以下の文献に助けられた。

池田晶子「清冽なる詐術」『事象そのものへ！』法藏館、一九九一年。

入沢康夫『宮沢賢治と心象スケッチ』作陽学園出版部、一九九八年。

見田宗介『宮沢賢治——存在の祭りの中へ』岩波現代文庫、二〇〇一年。

・宮本常一の仕事については、木村哲也さんとの直接のやり取りと、彼による以下の丹念な研究成果から多くを教えられた。

木村哲也『「忘れられた日本人」の舞台を旅する——宮本常一の軌跡』河出書房新社、二〇〇六年。

木村哲也『宮本常一を旅する』河出書房新社、二〇一八年。

・出会ったもののダイナミズムを捉えるべく、既存の認識論的枠組みを超えて民族誌（エスノグラフィ）の記述のあり方を模索した作品として、以下の文献から強い影響を受けた。とりわけ、落合一泰氏と新原道信氏からは、直接のやり取りを通じて、濃厚な影響を受けた。

落合一泰『ラテンアメリカン・エスノグラフィティ』弘文堂、一九八八年。
E. Valentine Daniel, *Charred Lullabies: Chapters in an Anthropography of Violence*, Princeton, N.J.: Princeton University Press, 1996.
新原道信『ホモ・モーベンス——旅する社会学』窓社、一九九七年。

保苅実『ラディカル・オーラル・ヒストリー——オーストラリア先住民アボリジニの歴史実践』御茶の水書房、二〇〇四年。

新原道信『境界領域への旅——岬からの社会学的探求』大月書店、二〇〇七年。

・「ブラック・セミノール」をはじめとする、黒人と先住民の関係史としては、以下の文献がある。
Daniel F. Littlefield, Jr., *Africans and Seminoles: From Removal to Emancipation*, Greenwood Press, 1977.
Kenneth Wiggins Porter, *The Black Seminoles: History of a Freedom-Seeking People*, University Press of Florida, 1996.
Bruce Edward Twyman, *The Black Seminole Legacy and North American Politics*, 1693-1845, Howard University Press, 1999.
Jeff Guinn, *Our Land Before We Die*, Penguin Putnam, 2002.
Patrick Minges, *Black Indian Slave Narratives*, John F. Blair, Publishers 2004.
Kevin Mulroy, *The Seminole Freedmen: A History*, University of Oklahoma Press, 2007.
Gary Zellar, *African Creeks: Estelvste and the Creek Nation*, University of Oklahoma Press, 2007.
Shirley Boteler Mock, *Dreaming with the Ancestors: Black Seminole Women in Texas and Mexico*, University of Oklahoma Press, 2010.
William Loren Katz, *Black Indians: A Hidden Heritage*, Simon and Schuster, 2012.

・「文明化五部族」のたどった歴史については、以下の文献がある。
Angie Debo, *And Still the Waters Run: The Betrayal of the Five Civilized Tribes*, Princeton University Press, 1940.

中村寛（なかむら　ゆたか）

多摩美術大学教授、人間学工房代表。専門は文化人類学。「周縁」における暴力、社会的痛苦、差別と同化のメカニズム、反暴力／脱暴力の試みや芸術・文化運動、ソーシャル・デザインなどのテーマに取り組む一方、《人間学工房》を通じた文化運動をおこなっている。著書に『残響のハーレム――ストリートに生きるムスリムたちの声』（共和国、2015年）。編著に『芸術の授業――BEHIND CREATIVITY』（弘文堂、2016年）。訳書に『アップタウン・キッズ――ニューヨーク・ハーレムの公営団地とストリート文化』（テリー・ウィリアムズ&ウィリアム・コーンブルム著、大月書店、2010年）。
https://www.ningengakukobo.com/
y-nakamura@tamabi.ac.jp

松尾眞（まつお　まこと）

写真家、映像作家、音楽家。現在はニューヨークを拠点にミュージシャンを撮りながら、自分の作品や音楽にも挑んでいる。これまでに、ジェイソン・リンドナー、アヴィシャイ・コーエン（Bass）、ダフニス・プリエト、エドワード・サイモン、アヴィシャイ・コーエン（Trumpet）、リオーネル・ルエケ、オマール・アヴィタル、ヨスヴァニー・テリー、シャイ・マエストロ、陳若玗、北川潔、大和田慧などのプロモーション・ビデオを手掛けている。照明技師として参加した映画『San of Monarchs』（アレクシス・ガンビス監督）が、2021年サンダンス映画祭アルフレッド・P・スローン賞受賞。

アメリカの〈周縁〉をあるく
旅する人類学

2021年7月21日　初版第1刷発行

著者　中村 寛
　　　松尾 眞
発行者　下中美都
発行所　株式会社平凡社
〒101-0051　東京都千代田区神田神保町3-29
電話　03-3230-6584（編集）
　　　03-3230-6573（営業）
振替　00180-0-29639
https://www.heibonsha.co.jp/
装幀　熊谷智子
地図製作　尾黒ケンジ
印刷所　株式会社東京印書館
製本所　大口製本印刷株式会社

ISBN978-4-582-83873-2 C0025
NDC分類番号295.09
四六判（18.8cm）総ページ368